闵老师主讲《逆市突围》课程

闵老师与《培训教练+路演会销》速成班学员合影

闵老师在湖北信达集团授课

闵老师与《房地产狼性冠军团队＋拓客营销＋案场销售提升》训练营学员合影

闵老师在 58 实战商学院房产经纪高级研修班授课

闵老师与《赢在成交——二手房狼性销售技巧提升》训练营学员合影

闵老师与贵阳幸福树不动产经纪有限公司学员合影

闵老师与江北水城启点地产学员合影

地产导师

闵新闻 著

中国商务出版社

图书在版编目（CIP）数据

地产导师 / 闵新闻著. —北京：中国商务出版社，2017.9
 ISBN 978-7-5103-2062-0

Ⅰ.①地… Ⅱ.①闵… Ⅲ.①房地产市场 - 市场营销学 Ⅳ.①F293.35

中国版本图书馆 CIP 数据核字（2017）第 239268 号

地产导师
DICHAN DAOSHI

闵新闻　著

出　　版：	中国商务出版社
地　　址：	北京市东城区安定门外大街东后巷 28 号　　邮　编：100710
责任部门：	中国商务出版社　商务与文化事业部（010 - 64515151）
总 发 行：	中国商务出版社　商务与文化事业部（010 - 64226011）
责任编辑：	崔　笏
网　　址：	http：// www.cctpress.com
邮　　箱：	shangwuyuwenhua@ 126. com
排　　版：	北京宝蕾元科技发展有限责任公司
印　　刷：	北京密兴印刷有限公司
开　　本：	700 毫米×1000 毫米　　1/16
印　　张：	13.25 印张　　　　　　　字　数：149 千字
版　　次：	2017 年 9 月第 1 版　　　　印　次：2017 年 9 月第 1 次印刷
书　　号：	ISBN 978-7-5103-2062-0
定　　价：	48.00 元

凡所购本版图书有印装质量问题，请与本社总编室联系（电话：010 - 64212247）。

版权所有　盗版必究（盗版侵权举报可发邮件到本社邮箱：cctp@ cctpress.com）

前言

我也可以成为地产导师

对于地产行业的人来说，只要一说起地产导师，都会翘起大拇指。仅看着他们站在台上意气风发地演讲，就羡煞了很多人。

确实！在地产行业，地产导师发挥着重要作用。

比如：员工，是地产企业的主要力量。不管是楼盘销售人员，还是二手房租赁人员，都掌握着营销或租赁效果的命脉，离开了他们，地产销售或租赁也就消失不见。员工是地产企业效益的最直接决定者，而要想提高工作效果，就要不断提高和学习，地产导师就是他们的老师。

再如：地产路演，需要向听众阐述企业的楼盘信息。这个工作，也需要地产导师来做。这时候，地产导师就要依靠自己对专业的了解和掌握，以及熟练的演讲能力，说服听众、吸引人们的注意力。

此外，召开会议，也需要地产导师；公众演说，更需要地产导师……离开了地产导师的作用，这些环节就会出现问题。而这些环节，都是提高地产营销效果的重要环节，从这个意义上来说，地产导师决定着地产企业的发展与壮大。

地产导师，既然被称作"师"，肯定应该具备专业的知识、丰富的行业经验、卓越的演说能力等，如果想成为优秀的地产导师，就要从这些方面入手，逐渐提高自己的语言表达能力、学习能力、组织能力、影响能力。

为了给地产行业同僚以帮助，我总结多年的工作经验，特编辑此书。在编写这本书的过程中，我收集了大量资料，认真思考，多方总结，案例典型，方法可操作性强，只要认真阅读，定然可以受到启发。

从事地产行业，仅仅做个基层销售人员是不行的，如果想在这个行业获得长足发展，就要以地产导师作为自己的目标，因为一旦你成为金牌地产导师，你的综合素质必然已经远远超过了同僚。

路漫漫其修远兮，吾将上下而求索。工作的过程就是一个学习的过程，只有不断学习，不断进步，才能提高成绩，才能获得长远发展，才能在行业中占据一席之地。虽然说，地产导师确实令人羡慕，但要成为他们一样的人，也是有迹可循的。只要善于学习、敢于表达，经过长时间的锻炼，定然也能成为这样的人。一定要告诉自己：我也可以成为地产导师！

闵新闻

目 录

第一章 顶层设计：地产导师如何做培训设计 001
    第一节 课程大纲设计 003
        一、地产大纲设计的逻辑工具 003
        二、大纲设计的思维导图 XMind 运用 006
    第二节 素材 PPT 设计 010
        一、素材设计的选取渠道 010
        二、PPT 设计两大原则 013
    第三节 培训体系设计 018
        一、培训体系的组成 018
        二、培训呈现的形式 021
        三、培训五大原则 029
        四、培训类型 039

第二章 布局实施：地产导师如何做培训实施 043
    第一节 内部培训 045
    第二节 外部培训 049

第三节	提高学员培训的兴趣	054
第四节	如何开头	057
第五节	掌握培训的最基本表达方式——案例法	063
第六节	小组讨论，积极互动	066
第七节	游戏演绎，提高培训的知识性和趣味性	071
第八节	如何完美结尾	073

第三章 会议管制：地产导师如何做会议管理 077

第一节	早会：鼓舞士气，让人们心怀热情去工作	079
第二节	夕会：提出问题，讨论问题，解决问题	083
第三节	周会：引导大家分享本周收获或心得	086
第四节	月会：跟上月的工作做比较，查漏补缺	089
第五节	季会：展开头脑风暴，激发新的创意	092
第六节	年会：总结过去，展望未来	096

第四章 彻底说服：地产导师如何做公众演说 099

第一节	地产演讲凤头开场四大手法	101
第二节	讲好自己的故事，让听众信任你	105
第三节	多一些幽默，就多一些好印象	108
第四节	以情动人，以情感人	112
第五节	让听众从你这里受益	115
第六节	主动与听众互动答疑	117

目　录

　　第七节　用真实的数据为自己佐证　　　　　　　　121
　　第八节　演讲中如何处理难缠的听众　　　　　　　123

第五章　疯狂抢购：地产导师如何做路演会销　　　127
　第一节　路演的重心点只有一个——听众　　　　　129
　第二节　路演信息传递的重要环节　　　　　　　　133
　第三节　征服听众的杀手锏　　　　　　　　　　　136
　第四节　路演会销占领心智模式　　　　　　　　　140
　　第一个层次，品牌是个符号　　　　　　　　　141
　　第二个层次，品牌的联想　　　　　　　　　　141
　　第三个层次，消费者的潜意识　　　　　　　　142
　第五节　会销成交的秘诀　　　　　　　　　　　　143
　第六节　地产路演会销成交的思维　　　　　　　　146
　第七节　地产路演会销成交的要诀　　　　　　　　151

第六章　品牌为王：地产导师如何做自媒体品牌营销　155
　第一节　个人品牌形象影响营销　　　　　　　　　157
　　一、什么是个人品牌　　　　　　　　　　　　157
　　二、个人品牌价值的构建　　　　　　　　　　159
　第二节　职业品牌形象影响营销　　　　　　　　　162
　第三节　人格品牌形象影响营销　　　　　　　　　165
　第四节　社会品牌形象影响营销　　　　　　　　　170

003

第七章　领导修炼：地产导师如何做领导力打造　　175

第一节　学习力：只有懂得学习的管理者才能超速成长　　177

第二节　感召力：人心所向，才能提高领导力　　181

　　领导力自测：你有足够的感召力吗？　　183

第三节　组织力：懂得选贤任能，方可提高组织力　　186

第四节　教导力：懂得带队育人，便能提高教导力　　192

第五节　决策力：只有高瞻远瞩的管理者才能正确决策　　197

第六节　执行力：卓越的执行力，造就优秀的成绩　　200

第一章

顶层设计：
地产导师如何做培训设计

第一章　顶层设计：地产导师如何做培训设计

第一节　课程大纲设计

一、地产大纲设计的逻辑工具

地产大纲设计的工具有：

1. 鱼骨图

鱼骨图，顾名思义就是像鱼的骨架，头尾间用粗线连接，有如脊椎骨。在鱼尾填上问题或现状，鱼头代表目标，脊椎就是构成过程的所有步骤与影响因素，就可以开始进行要因分析了。

想到一个因素的时候，就可以用一根鱼刺来进行表达，把能想到的有关项目都用不同的鱼刺标出来；之后，进行细化，认真分析各因素，用鱼刺分支表示各相关元素，还可以往下分为三级、四级等找出若干元素。经过认真思考之后，鱼骨图的大体框架也就出现了；之后，就可以针对每个分支、分叉填制解决方案了。

最后，把所需工作、动作和遗留问题进行归类，就可以知道哪些因素是困扰当前问题的主因、哪些是次因；该采用什么方法解决与面对？哪些问题可以立刻解决，需要利用哪些资源等。

鱼骨图外表好像树状图，都是一种分析思考、理清思路、找出问题的工具。通过鱼骨图，我们就可以全面系统地了解问题、细化问题。如果几个人一起合作来进行分析填制，或者多花一些时间，通常都会取得更加理想的效果。

制作鱼骨图，通常要经过两个步骤：分析问题原因/结构、绘制鱼骨图。

（1）分析问题原因/结构

针对问题点，选择层别方法，比如：人机料法环等。具体方法是，首先按照头脑风暴法，分别为各层别类找出所有可能的原因（因素）；接着，将找出的各要素进行归类、整理，明确各自的从属关系；然后，分析选取重要因素；最后，检查各要素的描述方法，做到语法简明、意思明确。

（2）分析要点

确定大要因（大骨）时，地产导师要从"人机料法环"入手，管理类问题一般从"人、事、时、地、物"层级，根据具体情况来决定。

大要因，必须用中性词进行描述，中、小要因要使用价值判断，比如：如……不良等。脑力激荡时，要多找一些可能的原因，不能仅局限在自己能掌控或正在执行的内容。涉及人的因素，要从行动的角度进行分析。

中要因跟特性值、小要因跟中要因，彼此之间都有着直接的原因——问题关系，对小要因的分析要达到可以直接下对策；如果某种原因可以同时归属于两种或两种以上因素，要以关联性最强的为准。如果有必要，还要考虑到三点：现时到现场看现物，通过相对条件进行比较，找出相关性最强的要因归类。

选取重要原因时，不能超过七个，而且要标识在最末端。

（3）绘图过程

绘图过程如下：首先，填写鱼头，画出主骨；接着，画出大骨，填写大要因；然后，画出中骨、小骨，填写中小要因；最后，用特殊符号标识重要因素。

（4）使用步骤

鱼骨图的使用步骤为：

第一步，找到需要解决的问题；

第二步，把问题写到鱼骨的头上；

第三步，召集同事一起来讨论问题出现的可能原因；

第四步，把相同的问题进行分组，标识在鱼骨上；

第五步，对不同问题向大家征求意见，总结出正确的原因；

第六步，选取一个问题，研究为什么会产生这样的问题？

第七步，针对问题的答案，问为什么？连续问五个问题。

2. 思维导图

思维导图又叫心智导图，是表达发散性思维的有效的图形思维工具，虽然简单，却极其有效，是一种革命性的思维工具。发明者是英国人托尼·巴赞，可以用来训练人的发散性思维。

思维导图，将图文有效结合起来，能够将各级主题的关系用相互隶属与相关的层级图表现出来，将主题关键词与图像、颜色等建立起一定的记忆链接。其充分运用左右脑的机能，利用记忆、阅读、思维等的规律，可以帮助人们在科学与艺术、逻辑与想象之间实现平衡，挖掘出人类大脑的无限潜能。

（1）思维导图的特色

思维导图的最大特色，在于充分运用各种有助记忆及想象的视觉元素，如图像、数字、颜色和空间感知等，能帮助地产导师更有效地学习，更有效地思维。

（2）思维导图的技法

思维导图技法主要有：

技　法	说　明
突出重点	一定要用中央图：整个思维导图中都要用图形；中央图形上要用三种或者更多的颜色；图形要有层次感；要用通感；字体、线条和图形尽量多一些变化；间隔要有安排、合理
使用联想	在分支模式的内外要进行连接时，可以使用箭头；使用各种色彩；使用代码
清晰明白	每条线上只写一个关键词；所有的字都用印刷体写；印刷体都要写在线条上；线条的长度与词本身的长度一样；线条与线条之间要连上；中央的线条要粗些；边界要能"接受"分支概要；图形画得尽量清楚些，让纸横放在桌前；印刷体尽量竖写
其　他	形成个人风格布局；突出层次；使用数字顺序

二、大纲设计的思维导图 XMind 运用

组织结构是指，工作任务的分工、分组和协调合作，可以体现出组织各部分的排列顺序、空间位置、聚散状态、联系方式和各要素间的相互关系，是整个管理系统的框架。而组织结构图则是体现这种组织结构的图示。

组织结构图反映了组织内机构、岗位之间的关系，既是组织结构的直观反映，也是对组织功能的一种侧面诠释。企业在招入新人的时候，首先会让他们了解企业的结构：企业有哪些部门？每个部门又按照怎样的法则继续拓展？所以，地产导师也可以用思维导图中的组织结构图来梳理企业的组织结构，一目了然。

其实，利用 XMind 制作组织结构图很简单。XMind 软件为用户提供了

有效的导图结构,方便用户直接创建;同时,还可以借助模板,修改组织结构图思维导图模板,获得属于自己的组织结构图。

1. 具体步骤

步骤一,选择"文件">"新建",或使用快捷键 Ctrl+N,选择"组织结构图(向下/向上)"。在打开的"选择风格"对话框中,选择自己喜欢的风格。单击新建。

步骤二,在打开的画布中,填写中心主题关键词,然后通过添加分支、子主题完成整个组织结构图的框架。

步骤三,插入图片、设置导图属性、美化导图。这样可以使你的导图更清晰直观,且吸引人。

2. 思维导图的美化

XMind 思维导图为用户提供了丰富的模板、快捷的图标和属性设置。因此,地产导师可以自由地改变思维导图的结构、背景、主题、概要、边框等部分属性。除此之外,XMind 提供的风格功能、阴影效果、渐变色效果、画布属性和样式功能等,也为地产导师提供了更多美化思维导图的选择。

(1) 画布属性

在 XMind 内,不仅可以逐一对各主题的线条形状和颜色进行设置,还能通过画布为所有的线条设置彩虹色和线条渐变效果。添加彩虹色效果时,按照顺时针的方向,XMind 可以依次为分支主题的线条设定红色、橙色、青色、绿色、蓝色、紫色等六种颜色。

线条渐变,会使各分支主题的线条形状产生渐变效果,从中心主题到分支主题间的线条,都会呈现出逐渐变细的渐变效果。同时,还可以设定画图的背景色和墙纸，让思维导图更加美观。

①点击"视图—属性"，打开属性视图。

②点击编辑窗口的任意空白区域，属性窗口跳转到画布属性设置。

③通过"背景颜色"和"选择墙纸"，为XMind设定特定的背景色和墙纸。

④在属性视图高级选项内，勾选彩虹色和线条渐细选项。

（2）重视阴影效果

在XMind内，地产导师可以用阴影效果为主题底部添加一段阴影，让思维导图更具立体感。渐变色效果则会使主题由上至下的颜色呈现出由浅变深的效果，为客户提供主题更丰富的色彩变化。当地产导师在收缩或者伸展XMind主题时，动画效果就可以实现逐渐收缩或者伸展动画效果，提高整体演示效果。

（3）选择图标及图片

对于XMind，地产导师能够通过添加图标及图片的形式，有效、美观地表达特定部分的优先等级、完成度、特殊标记等。灵活地应用XMind提供的图标及图片，不仅能够快速、有效地传递思维导图的信息，还能使得思维导图更加美观、减少文字描述。

①添加图标：点击"视图—图标"，打开相应的"图标"视图；选定目标主题，点击图标视图中适宜的图标。

②添加图片：点击"视图—其他—资源—图片库"，打开相应的图片库视图；选定目标主题，双击图片库中相应的图片。

（4）明确自己的风格

利用XMind提供的"风格"功能，地产导师就可以快速改变思维导图整体的样式，包括主题、线条、背景、墙纸、背景色、外框、关系和概要等部分的字体、颜色及形状属性。

思维导图自带七种不同风格，比如：商业、学术、经典、简单等，XMind的免费版本就支持用户将自带的风格应用到思维导图中；XMind专业版还支持用户提取、保存和应用自定义的风格，可以提高工作效率。

①应用风格：通过点击"视图—风格"，打开风格视图，双击选中的风格，能够快速将风格应用到当前思维导图中。

②提取风格：点击"工具—提取风格—只提取风格"，将当前思维导图的风格保存及应用到其他思维导图。

（5）选择合适的样式

利用"风格"功能，能够整体、统一、快速地对思维导图中的所有属性设置进行修改。仅一次性修改所有的"外框"或者"分支主题"属性设置，如何实现？样式功能为地产导师提供了解决方案，可以单独、自由、快速地修改主题、外框、关系和画布属性设置，可以设置出独具个性化的样式，保存并应用到相应的主题中。最重要的是，提取和应用样式都是免费的。

样式	说明
样式视图	点击"视图—其他—资源—样式"，打开样式视图
应用样式	选定思维导图中的任意一个或者多个主题，双击样式视图中的"外框"样式
提取样式	选定思维导图中的任意主题、外框、联系和画布，点击样式窗口右上角的"提取样式"图标或者点击"工具—提取样式"，快速地提取和保存样式
删除样式	选定"样式"视图中用户添加的任何样式，敲击Delete键，可以删除此样式

第二节　素材 PPT 设计

一、素材设计的选取渠道

素材选取的渠道有很多，比如：网络。

当然，并不是所有人都明白信息搜集及整理的重要性，也不是所有人都掌握了行之有效的方法和技巧。在这里，我们简单整理成文，做抛砖引玉之用。

1. 信息搜集及整理循环图

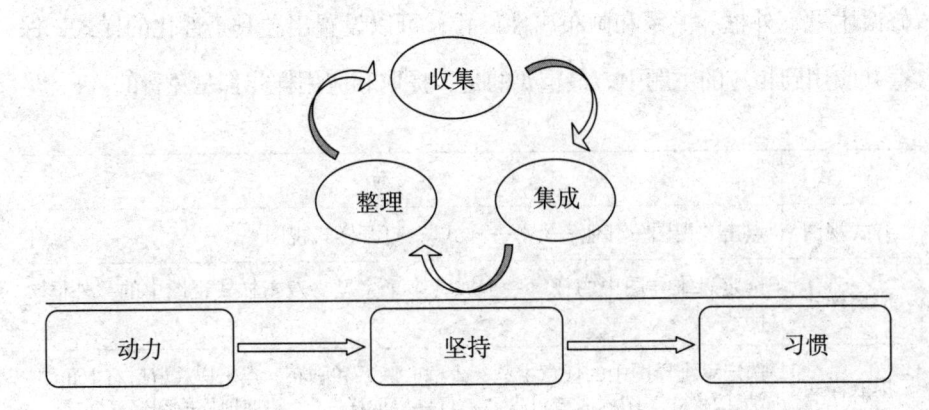

```
        收集
       ↗    ↘
   整理  ←   集成

  动力 → 坚持 → 习惯
```

如上图所示，笔者认为，信息的搜集及整理，共包含三个关键阶段：

（1）搜索。"找信息"——用各种搜索渠道快速找到所需的精准信息。

（2）集成。"存信息"——把自己找到的信息，定制成为个人资料库，按照自定义主题，分类存储在方便自己访问的地方。

（3）整理。"理信息"——定期对集成的信息进行归类、去重、留精等，能够显著提升信息的搜索效率。

2. 高效搜索术

如果想提高搜索的效果，就要从下面几点做起：

（1）建立主题关键词

建立核心关键词是重要的一步。

如今，各类信息都在以几何级高速增长，信息的种类不同，来源也是多种多样，更新速度日益加快。一旦打开微信，也就进入了信息和主题词充斥的漫漫世界，一个消息一个消息地看过去，时间也就慢慢消耗了。不设立明确的主题，很容易陷入信息的汪洋中；可是，如果两耳不闻窗外事，因担心信息负载太大而刻意回避信息，只会让自己跟时代脱节。

主题关键词的设定，有这样几个好处：

①建立方向提醒。时刻明白对自己真正有价值的信息是什么，主动保持该类信息的更新；而那些无关紧要的，则可以少看或者不看。

②主动获取信息。使用各种订阅、集成工具更有目标，用这些词订阅，让信息主动找你。

③减少无聊时间。无所事事比忙碌更让人疲惫，如果无事可干，最起码可以搜索一下关键词，找点好玩的文章或动态。

④虽然靠大脑就可以形成自己的关键词，但工具可以帮助地产导师加深记忆。

当然，主题词建好后，也不是一成不变的，需要定期结合自己的工作评估及更新。

（2）用好搜索引擎

主题关键词让地产导师知道自己时刻应该关注什么，接下来必然会高效地寻找这些信息。

搜索引擎是非常重要的信息获取入口。在搜索过程中，要不断地更换、使用更贴切的关键词，不能模棱两可。如何才能找到贴切的关键词？经验丰富的地产导师都会从自己觉得可行的第一个关键词开始，慢慢尝试，他们会根据每次的搜索结果进行线索跟踪，不断更换关键词，直至得到自己想要的结果。

（3）更换语言，别有洞天

有时，更换为英语能够让地产导师获取更精准的结果。很多中文结果都是从英文翻译过来的，直接查看原文章，就会减少信息的遗漏。以此类推，每增加一种语言，也就打开了一扇新的了解世界的窗口。比如，家庭收纳。用中文"收纳"去搜索文章，只能得到一些零碎的图片和社区网站，都是一些为了招徕用户拼凑而成的收纳技巧。而用日语"収納"去搜索，在日本某些网站上，可以看到很多关于收纳术的经验、文档和教程。有些教程的丰富性相当于我们正式出版的书籍。

（4）更换搜索方式，结果相同

若网页搜索不能获得所要结果，可以变换搜索类型，比如搜索图片，再通过图片链接到有价值的网站。地产导师常用的则是文件搜索，与普通网页相比，这些文档通常意味着更好的更系统化的组织，信息获取更加有效。

如何用搜索引擎搜索文档呢？如果使用 google，在检索词前加上 inurl：pdf；如果使用百度，在检索词前加上 filetype：all；如果要特定 PDF 格式，就输入：filetype：PDF。

（5）充分利用专业网站

专业网站，可以减少地产导师在大量的垃圾信息里找寻所需资料的苦恼，这里的信息一般更加聚焦。使用频率较高的专业性搜索网站有：

① slideshare.net。PPT 分享网站，很多国外制作优良，内容丰富专业的 PPT，可以到这里搜索关于可视化思考的文档资料。

② MBA 智库。专注于经管领域的资料库。可以在这里搜到很多经营管理领域的各种术语解释、文档等。

二、PPT 设计两大原则

PTT 设计的时候，要遵守两个原则：一个是简单，一个是明显。

1. 简单

如何才能让 PPT 真正地发挥作用呢？这里，我总结为四点方法：做到这四点，即使无法设计出令人惊异、美艳绝伦的 PPT，至少也能让你的演示显得更专业，让内容的呈现更具说服力。

做设计就是做减法，做 PPT 亦是如此。要用最简单的元素，呈现最重要的东西。苹果手机的宣传海报，就像其产品本身一样——简洁、精练，无太多渲染。但几乎每一款海报都能带给人们一种简约但却高端的感觉。

在 PPT 制作中，少一点的原则主要包括以下几点：

（1）文字少一点

这里的"少一点"主要体现在两个方面：

①字数少一点。请记住，PPT不是word，更不应该是word的另类呈现形式。除了阅读型PPT外，大多数情况下，PPT的字数都不应过多。PPT是英文Power point的缩写，从字面理解，是"使……观点有力量"，重要的是观点的呈现。因此，PPT页面的文字不宜过多，文字过多后，观众很难在短时间内抓住页面的重点。笔者认为，一个页面文字最好表达一个观点，最多不要超过三个。

②字体少一点。PPT中的字体也不能太多，如果处理不当，很容易出现两个问题：一是页面不统一，感觉很凌乱，不整齐；二是保存起来困难，有些字体下载后，可以在电脑上应用，可换台电脑就可能无法显示。当然，如果字体不多，完全可以通过嵌入方式来保存字体。建议：最好使用一种字体，总体不要超过三种。

（2）颜色少一点

颜色往往决定着PPT的风格，运用不同颜色，传达出的意境也会不同，比如：红色代表鲜艳活泼，黄色代表沉着稳重，蓝色代表优雅朴实，绿色代表温馨浪漫……这些颜色虽然寓意都不错，但不能使用太多。特别是当地产导师对颜色无法拿捏和掌控时，要尽量少用。

笔者认为，颜色的运用不要超过三种；记住常用的几种颜色搭配，以备不时之需；如果实在不知道该怎么配色，可以从优秀的PPT或其他平面作品中借鉴。

（3）动画少一点

动画作为PPT中的一项特殊的功能，其应用的目的是为PPT的演示增光添彩。千万不要将动画视为PPT全部，否则就会有一种喧宾夺主的感觉。既然是辅助，其应用就应该把握一个度。

在 PPT 中，动画共计有四个维度：进入、强调、路径、退出。每个维度又包含几十种不同的效果，几十个动画效果交叉搭配起来，就能组合成几百个动画特效。

日常的 PPT 演示中，这些动画没必要也不可能都应用到。如果真的都用起来的话，未免有些过于浪费时间了。

PPT 制作可以有想法、有创意，但不能太多。这里推荐几个常用的动画：淡入/出、缩放、螺旋。

（4）装饰少一点

在 PPT 页面中，进行适当的装饰，进行良好的搭配处理，能够提升页面的美观程度。但如果装饰过多，且处理不当，非但起不到正面作用，还会增加观众的反感。装饰不宜过多，适度即好。如果拿捏不准，干脆就别用，否则会有一种画蛇添足的感觉。

2. 明显

（1）大一点

这方面的内容主要包括：

①文字大一点。演示的目的是要让观众清晰地看见，要想让观众看到，就要让 PPT 页面中的文字足够大。文字太小，台下的观众看起来就会很费劲。那么，PPT 中的文字究竟要多大？建议：最小不能小于 24 号，至于最大限度，则要根据 PPT 演示的场地大小而定，必须保证最后一排听众能看见。

②屏幕大一点。屏幕大一点主要指两个方面：

A.PPT 页面设置大一点。在没有特殊的要求下，最好用 16∶9 的宽屏页面。为什么？通常情况下，16∶9 的宽屏，看起来更具设计感与美感。这有些类似于我们看电影一样，通常电影画面的上下部分被黑色背景遮掩。

B. 投影演示的屏幕大一点。大一点的屏幕可以增强视觉冲击力。这就是为什么很多人喜欢去电影院欣赏大片的原因。同样的电影，在电脑上看与在电影院看，无论是视觉上、听觉上，还是感觉上的效果都完全不同。因此，要想让演示达到一个好的效果，要选一个大一点的投影幕布。因此，要想让演示达到一个好的效果，建议选一个大一点的投影幕布。

（2）宽一点

PPT的页面可以看作是一张画板，需要用不同的元素进行填充。在填充的过程中，元素之间最好保持适当的距离，如此不仅可以使整个画面看起来更均衡，还能为观众留下足够的想象空间。

①文字距离宽一点。文字距离宽一点主要包括两个方面：字与字之间、行与行之间。同样的内容、版式，文字距离的不同，带给人的感觉也是不一样的。同样的内容，不同的宽度，给人的感觉明显不同。好的设计是讲求平衡的。PPT中字距、行距适度宽一点可以增强PPT页面整体的平衡感。

②空白区域宽一点。做设计就是做减法。即使有逆天的言语、惊艳四座的元素，也不能太多，否则物极必反。

留白是一种特殊的表现手法，具有"虚"的特性，虽然没有"实"的作用，但也会给观众带来精神上的感受，具有独特的存在价值；同时，留白还可以带给人轻松愉悦，吸引人的注意力。只要合理运用，就可以更好地帮助我们实现信息传达的目的，为PPT设计增添更多魅力。

（3）美一点

方法有多种，这里主要讲解三种：

第一章 顶层设计：地产导师如何做培训设计

①图片的选取美一点。图片的选用，可以增强PPT的视觉效果，但前提是图片必须与PPT的主题协调一致，且高清、有美感。很多人喜欢用百度、360等搜索引擎搜索图片，这类网站上的图片可以满足我们的需求，但遇到一些特殊情况，尤其是一些高清图片，如果想取得理想的效果，则要到专业的图片网站搜索。

②颜色的搭配美一点。关于颜色搭配同样要讲求"和谐美观，契合主题"。对于非专业从事设计或色彩研究的人，并不需要对颜色研究太多。这里给出两点建议：

懂得借鉴：可以从优秀PPT或平面设计作品中进行借鉴，看看人家是如何进行颜色搭配的。当然，必须是优秀作品。

记住搭配：如果你不知道该怎样搭配颜色，建议你记住一些常用的颜色搭配组合。推荐几种常见的颜色搭配组合：红+白、黄+白、黑+白、蓝+白、黑+黄。当然，你还可借助配色网站进行配色。

③细节的处理美一点。在PPT中，为了使页面更美观，优秀的地产导师都会对页面进行一些细节处理，添加点缀，比如：添加标点符号、添加直线、添加图形、添加色块+直线。需要注意的是，细节处理要得当，不能太多；处理不当或过多，只能适得其反。

第三节　培训体系设计

一、培训体系的组成

1. 培训课程体系

说到培训课程体系，首先就要提下培训管理体系。培训管理体系的内容主要包括：培训制度、培训政策、管理者培训职责管理、培训信息搜集反馈与管理、培训评估体系、培训预算及费用管理、培训与绩效考核管理等与培训有关的制度。而培训课程体系则是指，建立并完善一系列具有本企业特色的培训课程，包括：企业文化培训、入职培训、岗位培训、专业知识和专业技术培训、营销培训、管理和领导技能培训等。

建立和完善有效的培训课程体系，是培训管理工作的核心任务。培训课程体系是否有效的判断标准是，该培训课程体系是否有利于企业竞争力的提升，能否为企业的战略目标的实现提供优质的人力资源。

通常，有效的培训课程体系具备以下特征：

有效的培训课程体系可以将员工个人发展纳入企业发展的轨道，让员工在服务地产企业、推动企业战略目标的同时，能按照明确的职业发展目标，通过相应的培训，实现个人发展，获取个人成就。

第一章 顶层设计：地产导师如何做培训设计

特 征	说 明
以企业战略为导向	地产企业培训课程体系建立在企业的发展战略、人力资源战略体系之下。只有根据企业的战略规划，结合自身的人力资源发展战略，才能量身定做出符合自身持续发展的高效培训体系
着眼于企业核心需求	有效的培训课程体系不是头痛医头、脚痛医脚的"救火工程"，应该深入发掘地产企业的核心需求，根据企业的战略发展目标，预测企业对人力资本的需求，提前为企业需求做好人才的培养和储备
充分考虑员工自我发展需要	按照马斯洛的需求层次论，人的需要是多方面的，其最高需要是自我发展和自我实现。培训工作的最终目的是为企业的发展战略服务，与员工个人职业生涯发展相结合，实现员工素质与企业经营战略的匹配

2. 地产导师队伍建设

地产导师不仅熟悉本企业文化，还能联系实际传授知识和技能，达成有针对性的培训成果。而且，拥有一支优秀的地产导师队伍更有利于促进企业内部沟通、推进企业文化建设和知识管理。因此，越来越多的企业将组建地产导师队伍作为企业培训体系的重要组成部分。

（1）地产导师需要具备哪些素质

一个优秀的地产导师必须高度认同本企业文化，具备良好的沟通能力、强烈的分享意愿、扎实的专业知识、较强的实际操作技能和丰富的相关工作经验。此外，还需具有较强的学习能力、知识呈现和分享技能，包括：课程设计、课件制作、课程讲授等，所有的这些都需要通过专门的地产导师训练来培养和提高。因此，必须建立严格的地产导师认证培养流程。同时，为了确保地产导师的授课质量，地产导师队伍的建设还必须以课程体系为核心，每门课程都必须经过认证，之后才能正式讲授。从这个意义上来说，地产导师也就是某门课程的认证地产导师。

（2）需要多少地产导师

地产导师的数量，要根据培训课程和培训工作量的实际需求来确定；实际操作时，可以以岗位分层分类为基础，根据企业发展需要和实际技能的欠缺状况，照顾到不同部门、不同岗位。而且，每门课程要同时配备几名认证地产导师，安排1名首席地产导师，以课程组的形式进行课程开发。如此，既可以利用集体智慧，确保课程质量；也能增加课程安排时地产导师选择的灵活性。当然，人数的多少还要考虑地产导师梯队建设的需要。

总的来说，企业规模是影响地产导师数量的重要因素，另外，企业培训体系的完善程度对地产导师数量的确定也有影响。根据2009年《中国企业培训报告》调查发现，企业规模越大，培训体系越完善，地产导师的平均人数就越多，哪些人适合做地产导师？

中高层管理者是地产导师的首要后备选择。

首先，中高层管理者担任地产导师，通过登台授课，言传身教，可以传递企业文化和价值观，塑造积极分享的学习型文化，这既是建立地产导师队伍的重要基础工作，也是培训体系建立的一个重要内容。

其次，中高层管理者是地产企业的中坚力量，有着丰富的实战经验，熟悉行业发展情况和本企业整体状况，能够结合管理实践向员工传递有效且极具操作性的经验，使隐性知识显性化，在企业内部实现有效转移。尤其是高层管理者，从事内训工作，不仅能宣导企业战略目标与经营理念，还能通过与员工的亲密接触，倾听到一线员工的声音，更好地了解企业的实际情况。

第一章　顶层设计：地产导师如何做培训设计

再次，辅导学员成长是管理者的一项重要职责，而登台授课是培养学员的一种重要方式。同时，中高层管理者尤其是老总亲自担任地产导师，有利于树立良好的行为榜样，有助于对其他地产导师的培养、督导和激励，更好地支持地产导师队伍的建设。

二、培训呈现的形式

1. 课堂授课

主要方法有：讲授法教材、案例法教材、研讨法教材、多媒体教学法教材、角色扮演法教材、技能培训法教材、成套培训法教材。

关于培训讲课的几个关键点：

（1）讲课要有针对性

地产导师讲课要有针对性，主要体现在两个方面：授课对象要有针对性，讲课内容要有针对性，两者相互穿插、协调统一。下面，我们就以地产导师到施工单位培训为例，来说明如何体现讲课的针对性：

①讲课对象要有针对性。施工单位是地产企业的客户，通过培训，不仅可以让他们熟练地产项目，还能提高他们对地产项目的认可度，传递更多的正能量。如此，他们的培训对象应该有技术员、测量员、资料员、试验员、试验主任、工程部长、项目总工等。其中，前四类人员是项目的主要操作者，必须参加培训，且要熟练操作；试验主任之所以要参加培训，主要是为了让他了解地产项目的试验功能；工程部长之所以要参加培训，主要是为了与客户取得联系；项目总工或者项目经理是施工单位的负责人，邀请他们参加培训，主要是为了得到他们的认可和支持，建立良好的合作关系。

②讲课内容要有针对性。确定了讲课对象，那我们的讲课内容也要有针对性。针对培训对象，必须分重点、分难点的讲解，同时要注重课上的练习和考核。对于试验主任，我们的讲课就应该注重同异性的讲解。有项目负责人参加时，我们的讲课应该在一定的高度来讲解我们产品的必然性和优点。当然，对于这几类人，我们更要注意讲课主次的安排。

由此可以发现，针对性强的培训，不仅能使客户收到良好的听课效果，也能和客户建立不错的合作关系，为工作的更好开展奠定坚实的基础。

（2）培训PPT和讲课要有提纲

何为提纲？就是围绕培训课程确定的一个框架，这个框架可以完整、简洁地表达课程的主要内容。培训PPT和讲课也需要提纲，没有提纲，培训也就成了无头苍蝇，这里撞一下那里撞一下，地产导师在上面讲得天马行空，学员在下面听得云里雾里，无法实现理想的听课效果，甚至会产生负面情绪。提前确定好提纲，地产导师的培训讲课，就可以条理清晰、按部就班，学员脑海里也会出现一个基本的培训框架，听课也会更有趣、更有效。

（3）注重课前准备

著名教育家苏步青教授曾说："用一份力量备课，两份力量上课，就要用三份力量批改作业；反之，用三份力量备课，两份力量上课，就要用一份力量批改作业。"这句话充分说明了课前准备的重要性，同样也适用于培训讲课，如果想提高培训效果，就要重视课前的准备。

第一章 顶层设计：地产导师如何做培训设计

（4）注重逻辑性和思维性

讲课的逻辑性和思维性体现在两个方面，一是培训 PPT 的结构和内容要有逻辑性和思维性，第二是讲课时的引申和扩展要注意逻辑性和思维性。逻辑性和思维性的具体体现有：按时间顺序表达、按空间顺序表达、按前后逻辑顺序表达、与各级标题的对应、过渡的妙用（叙述过渡、设问过渡、排比过渡、标题过渡、转移话题过渡、关联词语过渡、承上启下过渡等）等。

（5）讲课内容必须准确

通常只要一说到讲课 PPT，很多人都会找同事借用或者直接百度搜索一篇。可是要知道，PPT 制作追求的是简洁，讲课时只要根据 PPT 内容做相应的扩展即可，每个 PPT 上都带着授课者的思想和安排；借鉴别人的 PPT 或者百度搜索，无法完全领悟授课者的意图，自然也就无法将 PPT 充分展现出来。

更重要的是，他人的东西，我们还无法保证内容的准确性。如果讲课 PPT 无法保证准确性或者漏洞百出，也就在学员心中失去了可信度，讲课也就失败了。所以，课程内容的确定，要查找相关标准、规范等资料，要准确、有依据地将自己掌握的都表达出来。

2. 沙盘模拟

沙盘推演又叫沙盘模拟培训，大致过程是：地产导师引领学员进入一个模拟的竞争性行业，将学员分组建立若干模拟公司，围绕形象直观的沙盘教具，实战演练模拟企业的经营管理与市场竞争，提高战略管理能力，感悟经营决策真谛。

沙盘模拟培训互动性强、趣味性十足、还有一定的竞争性，能够最大限度地调动起学员的学习兴趣，使学员在培训中处于高度兴奋状态，充分运用听、说、学、做、改等学习手段，调动起所有的感官功能，加强记忆效果，将学到的管理思路和方法运用到实际工作中。通过沙盘模拟，学员得到的不再是空洞乏味的概念、理论，而是极其宝贵的实践经验和深层次感悟。

关于沙盘推演过程，笔者总结了模拟过程中的框架以及具体操作步骤：

（1）组建模拟公司

首先，学员以小组为单位建立模拟公司，注册公司名称，组建管理团队，参与模拟竞争。根据各学员的不同特点进行职能分工，通过选举的方式，推选出模拟企业的第一届总经理，确立组织愿景和使命目标。

（2）召开经营会议

学员了解了模拟企业所处的宏观经济环境和所在行业的特性后，公司总经理召开经营会议，依据公司的战略安排，做出本期经营决策，制订各项经营计划，包括：融资计划、生产计划、固定资产投资计划、采购计划、市场开发计划、市场营销方案等。

（3）经营环境分析

企业战略都是针对一定的环境条件制定的，沙盘训练为模拟企业设置了全维的外部经营环境、内部运营参数和市场竞争规则。进行环境分析，可以在环境因素中所发生的重大事件里找出对企业生存、发展前景具有较大影响的潜在因素，然后对其趋势做出科学预测，发现环境中蕴藏的机会和挑战。

（4）制定竞争战略

各公司根据自己对未来市场预测和市场调研，本着长期利润最大化的原则，制定、调整企业战略。战略内容包括：公司战略（大战略框架）、新产品开发战略、投资战略、新市场进入战略、竞争战略等。

（5）职能经理发言

各职能部门经理积极参与经营，加深对经营的理解，体会到经营短视的危害，树立起为未来负责的发展观，从思想深处构建起战略管理意识，提高管理的有效性。

（6）部门沟通交流

通过密集的团队沟通，充分体验交流式反馈的魅力，系统了解企业内部价值链的关系，了解到打破狭隘的部门分割、增强管理者全局意识的重要意义，深刻认识建设积极向上组织文化的重要性。

（7）年度财务结算

一期经营结束后，让学员自己动手填报财务报表，盘点经营业绩，进行财务分析。通过数字化管理，提高经营管理的科学性和准确性，明白经营结果和经营行为的逻辑关系。

（8）经营业绩汇报

各公司盘点完经营业绩后，围绕经营结果召开期末总结会议，由总经理进行工作述职，反思本期各经营环节的管理工作和策略安排，思考团队协作和计划执行的情况。总结经验，吸取教训，改进管理，提高学员对市场竞争的把握，增强学员对企业系统运营的认识。

（9）地产导师分析点评

根据各公司期末经营状况，地产导师对各公司经营中的成败因素进行深入剖析，提出指导性改进意见；同时，针对本期存在的共性问题，进行深刻的案例分析与讲解。最后，地产导师按照逐层递进的课程安排，引领学员进行重点知识内容的学习，将过去的管理问题暴露出来，让管理理念得到梳理与更新，提高洞察市场和理性决策的能力。

3. 情景演示

情景模拟也是一种教学方法。情景模拟教学法是指，地产导师根据培训内容、学习目标，有针对性地设计情景，并让学员扮演情景角色，模拟情景过程，让学员在高度仿真的情景中获取知识和提高能力。这种方法突出操作性、讲究趣味性、注重实效性，实现了理论与实践的接轨、素质教育与社会需要的接轨。

4. 户外拓展

户外拓展训练是指，通过专业机构，对员工进行一种野外生存训练，刺激原本麻木的神经，达到团队合作的目的。户外拓展训练有利于塑造团队活力、推动组织成长的不断增值，是专门配合现代企业团队建设需要而设计的，是当今欧美及亚洲大型商业机构采用的一种有效的训练模式；内容丰富生动，寓意深刻，给学员留下终生难忘的印象，让系列活动中蕴含的道理和观念牢牢地根植于团队和成员的潜意识中，在今后的工作合作中发挥出应有的效用。

（1）训练要求

具体要求如下：

第一章 顶层设计:地产导师如何做培训设计

要求	说明
综合活动性	户外拓展训练的所有项目都以体能活动为引导,引发出认知活动、情感活动、意志活动和交往活动,有明确的操作过程,要求学员全身心的投入
挑战极限	户外拓展训练的项目都具有一定的难度,表现在心理考验上,需要学员在自己的能力上挑战极限,跨越极限
集体中的个性	户外拓展训练实行分组活动,强调集体合作。力图使每一名学员在野外拓展训练中竭尽全力为集体争取荣誉,同时从集体中吸取巨大的力量和信心,在集体中显示个性
高峰体验	在克服困难,顺利完成课程要求以后,学员能够体会到发自内心的胜利感和自豪感,获得人生难得的高峰体验
自我教育	地产导师只是在课前把课程的内容、目的、要求以及必要的安全注意事项向学员讲清楚,活动中一般不进行讲述,也不参与讨论,充分尊重学员的主体地位和主观能动性。即使在课后的总结中,地产导师只是点到为止,主要让学员自己来讲,达到了自我教育的目的

通过户外拓展训练,学员可以实现这样几方面的提高:认识自身潜能,增强自信心,改善自身形象;克服心理惰性,磨练战胜困难的毅力;启发想象力与创造力,提高解决问题的能力;认识群体的作用,增进对团队的参与意识与责任心;改善人际关系,可以融洽地与群体合作;学习欣赏、关注和爱护大自然。

(2)特色

户外拓展训练的特点主要有这样几个:

①学员是主角。培训的户外拓展训练,学员都是活动的重心,学员需要通过身体力行的活动来感受并从中悟出道理。地产导师的讲解都是建立在学员回顾的基础上,而不是单向的阐述,可以让学员全身心投入。

②小游戏，大道理。户外拓展训练采用的方式有：背摔、断桥、天梯、电网……这些活动看起来都非常简单，但都经过了数十年的心理学、管理学、团队科学等方面论证，有利于个人心里素质的提升，还可以提高团队质量，有着较高的科学性。

③迅速拉近情感距离。参加户外拓展训练，成员一般都要被分成若干个小组，通过地产导师的调动，各小组都会充分融合在一起。活动一般都有着很高的挑战性，都需要大家的合作才能完成。在这种环境中建立起的感情，远高于通常情况下社会性的朋友关系。

④地产导师能文能武。拓展训练地产导师一直被公认为现代社会的阳光职业，不仅时尚，而且博学；不但能在各种户外培训器械上大展身手，还能在教室中侃侃而谈。

⑤培训效果与众不同。同常规针对技能的培训不同，户外拓展训练更多的是针对态度的培训，对于地产企业来说，员工态度往往决定了其工作绩效。从参训企业的普遍反馈来看，拓展训练对于改善团队质量具有明显的作用。

5. 师傅带徒弟

师徒式培训，强调是单个的一对一的现场个别培训，是一种传统的培训方式，主要包括四个阶段：讲解、示范、操作和纠正，不仅可以让受训者较快地掌握基本业务知识和操作技能，还可以让员工之间的关系比较融洽。

在地产企业的培训实践中，这种师傅带徒弟的个别培训方法依然在大量使用。然而，只有对采用这种方式的岗位做有效的培训组织指导，才能取得良好的培训效果。

（1）培训的特点

①示范性。师傅给学员做示范，师傅怎么做，学员就怎么做。

②指导性。学员做的过程，师傅会在一旁查看做得对不对，及时指出问题，提出建议。

③后续性。学员学完的一年内，工作中遇到问题，依然可以向师傅请教，由师傅指点迷津。

（2）培训步骤

①准备。制定工作任务表与工作细则，确定培训目标，让受训者做好准备；同时，挑选合适的师傅。

②传授。师傅以工作细则为基准，与学员一起讨论工作中应该做些什么，讲解工作应该怎样做，对工作步骤与方法进行示范。

③练习。学员熟悉工作后，开始独立操作。练习中，师傅在一旁做适当辅导，为改进动作提出建议。

④跟踪观察。学员能够独立工作后，师傅依然要继续对学员进行观察，并提供明确的支持与反馈，提高学员的积极性。

三、培训五大原则

原则1.培训的系统性

培训是企业成功管理的重要特征，忽视培训工作，地产企业就要冒很大的风险。

员工培训是一个全员性的、全方位的、贯穿员工职业生涯始终的系统工程。地产企业建立系统化的培训体系方法如下：

（1）明确培训目的

目的不同，课程设置、投入时间与精力都会有所不同，根据目的进行的设计，培训体系会更适合企业自身情况。

①以岗位胜任为目的的培训，应尽量增加培训频次。地产企业一般都要求员工能尽快创造更多的业绩，而新员工在信心和稳定性上一般都不足，增加培训频次可以让员工在最短的时间里提高技能，尽快了解公司并创造价值。

②以提升能力为目的的培训，应建立配套的任职资格模型或能力模型。培训并不是漫无目的的，有着极强的针对性，随意根据经验和直觉去培训，只能浪费掉大把的时间和金钱。

③以核心能力开发为导向的培训，应注重高层意识的丰富与拓展。企业高层一般都拥有一流的智慧和超凡的人格，知道的更多、看的更深刻，贡献自然也就越多。

（2）确定培训种类

地产培训可以分为两种：脑力劳动类培训、体力行为类培训。针对不同类型培训，可以使用不同的培训方法：

类型	说明
脑力劳动培训	更多是工作角色或思维模式的转化，应侧重增加员工不同角度看问题的能力。例如，财务类人员进行非财务经理课程的学习培训，改善为目的，重在员工的自我感受与改善
体力劳动培训	应该让员工多进行体育锻炼增强身体素质，根据工作的需求改进劳动的动作、效率等。例如，开挖掘机的员工除了知道驾驶技巧外，还应该拥有足够的体力去操作机器

第一章 顶层设计:地产导师如何做培训设计

由此可以看出,要想建立完善的培训体系,首先就要明确培训目的,更好地以培训目的为导向进行体系建立。使用具体方法的时候,要区分脑力和体力两类培训,更好地建立适合自身发展的培训体系。

然而,企业的培训体系也不应该一成不变。根据卢因的变革过程理论,组织变革有三个关键的步骤:解冻→变革→再冻结。这个理论放在培训体系上也是一样,没有任何培训体系是万能的普遍适用的,地产导师应根据公司大发展和员工素质及时对培训做出调整,使企业的发展跟上时代的步伐。

适合企业发展的系统化培训体系,就像是企业的"换血再生系统",关系到企业健康与否,关系到企业的未来,企业必须充分重视。一定要记住:只有选择合适的培训体系,才能为企业带来更多的利益。

原则 2. 培训的制度性

建立和完善培训管理制度,把培训工作例行化、制度化,保证培训工作的贯彻落实。

员工培训制度是指,以规章制度的形式将企业的培训计划、要求、实施等方面规范化、严肃化。各地产企业的具体情况不同,培训制度也不尽相同。

(1)培训方式

可以采用的培训方式主要有:

①职前培训。对新入职的员工,要进行职前培训,具体的培训方式有:短期培训、专业培训和实习。

培训类别	说　明
短期培训	在较短时间内（一般不超过1个月）组织新进人员进行培训，培训合格后上岗。此种培训是职前培训的主要形式，应予以特别注意
专业培训	对某些专业技术方面的知识和技能进行的职前培训
实　习	一边工作、一边在专人的指导下实习，通过实际工作学习相关知识和技能

②在职培训。在职培训有多种类别，一般分为三种：共同性培训、专业性培训和岗位培训：

培训类别	说　明
共同性培训	根据受训者不同，共同性培训又分为管理者培训和一般性培训
管理者培训	其培训的对象是业务主任以上级别从事经营管理的人员。此类培训的目的是，提高管理者的管理水平和技能，培训次数不定，一般每年两次左右；其培训方式主要有外出参加培训课、内部培训、自学管理书籍等；培训内容主要以NTP(管理者培训计划)课程为主要内容
一般人员培训	对业务主任以下级别的员工进行的培训，根据培训方式和内容的不同，可以分为专业性培训和岗位培训

③专业性培训。即为提高工作胜任度所做的关于专业技术方面的培训。

④岗位培训。企业管理者通过日常工作或日常接触，启发和指导学员，激发学员的工作热情，培训学员敬业、协作、团体品质。这类培训是一项经常性工作，贯穿于企业生产、经营的全过程。具体方法有：规范性演示，通过讨论传送意见和观念，有计划安排各种能力训练，通过联谊会、谈心会、碰头会交流意见。如果条件允许，企业还要建立自己的培训设施，如

培训大楼、培训教室等。

（2）员工培训制度体系

为了保证组织的培训工作能够正常顺利地开展，要成立培训委员会，建立专门的培训机构和培训制度。这些培训制度包括：培训委员会工作章程；培训管理制度；培训部门工作规则；培训经费预算与管理制度；培训工作评估与奖惩制度；培训档案的建立和管理制度；决策人员培训制度；管理者培训制度；技术人员培训制度；学员培训制度；晋升培训制度；转岗培训制度；新知识、新技能推广普及制度；业务知识和业务技能培训制度等。

原则3. 培训的主动性

调动员工参与地产导师培训，发挥员工的积极、主动性。

提高员工参与培训的积极性，是目前地产企业在员工培训中遇到的最大问题，同时也是最紧迫的问题。因此，企业管理者必须重视培训作用，建立风险防范体系，完善培训制度，提高培训质量；同时，还要依法建立劳动培训关系，建立有效的激励机制；鼓励自学，加大岗位培训的力度。只有这样，员工参加培训的积极性才能提高。而只有真正提高了员工参与培训积极性，才能实现企业的盈利和员工的进步。

针对员工培训积极性不高的问题，地产导师可以从以下几个方面进行思考和总结，提高培训效果。

（1）改变培训理念

培训理念的改变不仅指高层培训理念的转变，还要改变受训员工的理念。

①改变高层的培训理念。企业领导者要重视培训，在决定是否采取某

项培训时，一定要进行详细、深入的调查，依据企业的现状、所处环境及发展目标，详细制订出各部门、各岗位的培训计划，根据各员工的职业生涯设计，为其制订个性化的培训计划，确立培训的目标。

②努力转变受训员工的理念。培训是员工获取知识及提高运用知识能力的重要途径，能为员工带来更多的发展机会，要让员工打心眼里认识到，培训是关系到员工切身利益的事件，让员工树立忧患意识，激发员工的学习热情与学习动力。

（2）建立合格的培训制度与管理体系

企业培训工作的重点是员工培训的制度化问题、培训规模与培训目的和方向问题以及把员工培训纳入企业用人体系之中问题。必要的培训管理体系，包括培训制度、培训政策、管理者培训职责管理、培训信息搜集反馈与管理、培训评估体系、培训预算及费用管理、培训与绩效考核管理等一系列与培训相关的制度。

地产导师要认真制定培养规划并将其纳入企业发展总体规划，及时制订切实可行的年度培训计划，对员工培训内容、方法、师资、课程、经费、时间等进行系统的安排；要建立职工培训激励机制，及时对各项制度、机制的运作进行检查，以保证企业员工培训的系统化、科学化和持续化。

培训激励机制是调动员工积极性的有效途径，要想提高培训激励制度的实效性，就要从培训方法、内容、培训时机和考核等问题入手，不仅要选择恰当的受训者和时机，还要选择科学的培训方法，更要创新考核模式。

（3）将培训与员工职业发展规划相结合

职业生涯规划，将一个人的职业生涯规划分为几个重要阶段，设计了

第一章 顶层设计：地产导师如何做培训设计

不同程度、不同内容的目标达成时间和方法，可以促进、激励员工向其职业生涯的终身目标迈进。只有把员工培训和职业生涯规划结合起来，将员工培训渗透到职业生涯规划中的各阶段中去，加强培训和员工个体发展之间的精密程度，才能提高培训效果。地产企业要有针对性地制定员工的培训与开发方案，使企业发展目标与员工个人发展目标联系起来并协调一致。

（4）确定培训的目标

培训目标是指导培训工作的基础。培训的直接目的是提高员工的知识、技能，改变员工的态度。间接目的是，使企业与员工形成共同目标，维持企业的持续发展。一般而言，员工培训有以下几个主要的目的：优化人岗匹配，提高员工能力和技术水平，提高员工的综合素质、有效沟通和团队合作。

（5）准确的分析培训需求

培训需求包括三方面的内容：组织分析、任务分析和人员分析，可以帮助地产导师确定哪些人需要培训、需要培训什么内容等。

地产导师要在了解员工的生存和工作现状的基础上，围绕培训目标期望、培训内容需求、地产导师师资要求、培训形式选择以及培训时间等方面的内容，进行全方位调查，为培训目标的确定和培训内容、培训形式的选择提供科学的依据，也可以借此寻找培训的差距，针对培训中存在的问题，及时调整培训策略。

有效的培训需求调查，决定着有效培训的结果。准确地把握培训需求调查的真实性并从中找到培训重点，是确定培训需求调查工作有效性的重要因素。而确定调查内容的真实性主要从以下几个方面着手：确定有效的调查内容，确定有效的调查方式，确定有效的调查员工，确定有效的沟通技巧。

（6）灵活选择培训方式

各种培训方法对不同部门的员工具有一定的针对性，同样的方法，对于不同部门的员工，具有不同的效果。"因材施教"是员工培训工作中需要遵循的客观规律。在培训中，要改变传统的培训方法，实现培训方法的现代化，充分利用管理、教育、心理等领域的最新成果，采取灵活多样的培训方法，将理论引导与解决问题能力的培养有效结合在一起，提高培训的整体效果。

（7）重视培训考评和训后质量跟踪

在培训体系的运作中，培训考评和训后质量跟踪都是重要环节。要制定严格的考核标准，并严格按照标准进行培训；训后，要进行各种形式的考试或考核，成绩全部填入专门的人事管理档案，作为量才录用、晋级提拔的重要依据和参考。

培训后，还要进行质量跟踪。在受训者返岗工作后要定期跟踪反馈，确认受训者在各方面是否有进步，进一步发现工作中存在的问题，为制订下一步的培训计划提供依据。质量跟踪的内容有：培训内容、仪态仪表、语言表达、知识技能和敬业精神等。

原则 4. 培训的多样性

开展员工培训，要充分考虑受训者的层次、类型，考虑培训内容和形式的多样性。

为了开展业务和进行人才培养，地产企业通常都会采用各种方式对员工进行有目的、有计划的培养和训练，使员工不断更新知识，开拓技能，改进动机、态度和行为，更好地胜任现职工作或担负更高级别的职务，促进团队效率的提高和目标的实现。

员工培训形式多种多样，这里给大家介绍9种：

第一章 顶层设计：地产导师如何做培训设计

形　式	说　明
讲授法	是一种传统的培训方式，运用起来方便，便于地产导师控制整个过程。缺点是单向信息传递，反馈效果差。常被用于一些理念性知识的培训
视听技术法	通过现代视听技术，如投影仪、DVD、录像机等工具，对员工进行培训。其运用视觉与听觉的感知方式，直观鲜明。但学员的反馈与实践较差，且制作和购买的成本高，内容容易过时。它多用于企业概况、传授技能等培训内容，也可用于概念性知识的培训
讨论法	按照费用与操作的复杂程序又可以分为：一般小组讨论与研讨会。研讨会多以专题演讲为主，中途或会后允许学员与地产导师进行交流沟通。优点是信息可以多向传递，反馈效果较好，但费用较高。而小组讨论法的特点是信息交流时方式为多向传递，学员的参与性高，费用较低。多用于巩固知识，训练学员分析、解决问题的能力与人际交往的能力，但运用时对地产导师的要求较高
案例研讨法	向受训者提供相关的背景资料，让其得到合适的解决方法。这一方式费用低，反馈效果好，可以有效训练学员分析解决问题的能力。另外，近年的培训研究表明，案例、讨论的方式也可用于知识类的培训，且效果更佳
角色扮演法	在地产导师设计的工作情况中，授训者扮演其中某个角色，其他学员与地产导师在学员表演后做适当的点评。由于信息传递多向化，反馈效果好、实践性强、费用低，因而多用于人际关系能力的训练
自学法	这一方式较适合于一般理念性知识的学习，由于成人学习具有偏重经验与理解的特性，让具有一定学习能力的学员自学是既经济又实用的方法，但此方法也存在监督上的缺陷
互动小组法	也称敏感训练法。此法主要适用于管理者的人际关系与沟通训练。让学员在培训活动中亲身体验，逐渐提高他们处理人际关系的能力。其优点是，可以显著提高人际关系与沟通能力，但其效果在很大程度上依赖于地产导师的水平
网络培训法	是一种新型的计算机网络信息培训方式，投入较大。但由于使用灵活，符合分散式学习的新趋势，可以为学员集中培训节省很多的时间与费用。这种方式信息量大，新知识、新观念传递优势明显，适合成人学习。因此，实力雄厚的地产企业可以采用这种方式，也是培训发展的一个必然趋势
M-learning 移动学习	利用碎片化时间和移动浪潮下的新工具，在任何时间、任何地点都可以进行学习。当然，移动学习所使用的移动计算设备，必须能够有效地呈现出学习内容，还要提供地产导师与学员之间的双向交流

原则 5. 培训的效果性

员工培训需要投入大量的人、财、物，是价值增值的过程，应该有产出和回报，应该有助于提升地产公司的整体绩效。只有保证培训效果的有效性，才能增强企业的人力资本，提升企业竞争力，才能在可预见的未来对企业的发展发挥巨大的作用，这也是培训的根本目的所在。

如何达到和提高培训的效果呢？可以从下面几方面做起：

（1）高层提供足够的支持和重视

虽然说，如今各地产企业的高层似乎都支持员工培训，但支持和重视程度还远远不够。例如，有些企业员工培训的总预算还不到广告费用的1/10，他们根本就不知道，将广告费用的10%转到员工培训上来，不仅能改善地产项目推广的最终效果，还能提高公司的总体利润、增强公司长期的持续发展。

（2）培训部门要建立自己的培训队伍

培训队伍的建设要点如下：成为专家型队伍；能够成为决策层的顾问，并对决策者造成影响。这是国内规模较大的企业培训部门在今后几年中的工作重点和难点。

（3）把握受训者的需求

管理规范的地产企业通常都鼓励员工的个人发展，结合员工个人发展所提供的培训课程，定然会受到员工的欢迎，也可以极大地提升培训效果。受训者的需求分为个人需求和组织需求，不同的需求，要采用不同的培训方式，比如：如果受训者受教育程度高，可以采用互动式培训；如果受训者受教育程度较低，课堂形式更适合。

（4）制订一个有效的培训计划

包括以下具体内容：具体、多样的培训主题，如 ISO 9000 培训、项目管理培训、销售培训、技术培训等。每个培训都有具体的要求，这种要求决定了培训的方式方法。

针对不同的受训者，要采用适当的主题、深度和培训形式。高级经理，也要重视培训。培训，一般都是为了提升低层员工技能，如果高级经理不称职，整个培训预算就会付诸东流。

此外，还要重视企业的短期利益与长期利益。虽然针对短期利益的培训，对公司在竞争激烈的市场上取得成功很重要，但致力于企业长期利益的培训更重要。

（5）培训师要具备专业知识和工作热情

专业知识的丰富与否直接影响培训内容，而工作热情对地产导师同样重要，它意味着是否该地产导师热爱这份工作。这是一种态度，爱立信对待地产导师的考核有三方面，即专业知识、教学技能和教学态度。

培训导师的选择途径有两个：一个是公司高级经理，一个是外聘。让公司的高级经理作为培训导师，具有较强的针对性，缺点是可能缺乏培训技巧的培训，不能进行生动的讲解；对于外聘的培训导师，一是费用较高，一是目前培训机构和培训导师鱼龙混杂，还要关注培训机构和导师的专长范围，因此必须提前做好评估。

四、培训类型

时下，培训的重要性已经成为共识，很多企业都在加强员工的培训与提升，对于学员更是要进行岗前培训，培训的内容也是五花八门。笔者结合自己的工作经验，认为学员的培训应该包括意志培训、认知培训、职业培训、技能培训四个方面的课程。

1. 意志培训

意志培训的形式主要是培训，其目的是为了培养学员的吃苦耐劳的精神、朴素勤俭的作风和团队协作的意识。

培训的时间长短需要根据企业的实际情况来确定，但最少1周，最多1个月。时间太少，学员还没进入状态就结束了；时间太长，会造成员工的厌烦心理，还会增加企业成本。

培训期间，晚上不要用来搞军事训练，应利用这个时间开展多样化的各类活动，以丰富生活，淡化培训的枯燥感。比如，可以结合企业的实际情况开展演讲竞赛、辩论赛、小型联欢会等，既能加强学员之间的熟悉交流，也能为企业发现一些优秀的人才。

2. 认知培训

认知培训主要包括企业概况、企业主要管理者介绍、企业制度、员工守则、企业文化宣讲等内容，学习的方式实行集中培训，并由公司的管理者和人力资源部门主讲。认知培训主要是帮助学员全面而准确的认识企业、了解企业，从而尽快找准自己在企业中的定位。

认知培训时间最好确定为2天，可以增加1天时间，带领学员参观一下公司代表性的地方，安排座谈交流。认知培训结束后，一定要进行认知性测验，强化企业的各项基本知识在员工头脑中的记忆和理解。

3. 职业培训

职业培训的目的是，让学员完成角色转换，成为一名职业化的工作人员。其内容主要包括：社交礼仪、人际关系、沟通与谈判、科学的工作方法、职业生涯规划、压力管理与情绪控制、团队合作技能等，培训的方式是集中培训，地产导师要根据地产企业的实际情况，选择合适的方式。

需要注意的是，职业培训的形式一定要多样化，不要使用宣讲式，要尽可能采用互动式，让学员在互动的过程中领悟所学的知识。当然，职业培训结束时，还可以进行考核，可以采用开放式的考核方式，比如：论文、情景模拟等。

4. 技能培训

技能培训主要是结合学员即将上任的工作岗位而进行的专业技能培训，现在很多企业的"师徒制"就是技能培训的表现形式之一。笔者认为，技能培训有两种培训模式：

（1）集中培训

将岗位技能要求相同或相似的学员集中起来进行培训，不仅可以扩大技能的传播范围，还可以节约培训成本。缺点是，沟通无法深入，需要达到一定的人数才能集中培训。

（2）分散式培训

由技能熟练的老员工对相应岗位的新人进行指导，并确定指导责任制，一名老员工可以指导一名或多名学员。不过，在实际工作中，可以将这两种培训模式结合起来，提高技能培训效果。

第二章

布局实施:
地产导师如何做培训实施

第二章　布局实施：地产导师如何做培训实施

第一节　内部培训

内部培训是指企业以自身力量对新聘员工或原有员工通过各种方式使其在知识、技能、态度等方面有所改进，达到预期标准。由于存在不同的受训者和不同的培训内容，为了取得较好的培训效果，地产企业通常都会采用多种培训方式。

内部培训是培训体系中最重要的组成部分，在地产企业的发展中起着非常重要的作用。地产导师是企业内的培训师，是对企业最认同、最拥护的群体，可以将企业精神融入课程，讲解知识，传授技能，为员工解答各类疑难问题。

1.四个关键问题

关于内部培训体系的搭建，首选就要明确以下四个关键问题：谁来讲、怎么讲、给谁讲、讲什么。

（1）谁来讲

企业内部培训体系的搭建，首先要解决"搭班子"的问题，就是"谁来讲"。外聘地产导师在培训形式和表达风格上都略胜一筹，而内部地产导师则在对企业培训需求的准确感知、培训症结挖掘和培训后的跟进管理与考核方面，都有着明显的优势。

企业自行搭建内部培训团队，不但在前期要花费巨额资金来大力培养，还要赋予地产导师对受训者一定的管理和考核权力。地产企业最终追求的是经济效益，采用"培训+管理+考核"的方式，要比单纯追求培训现场效果更好。

有些地产企业会担心这样两个问题：一，如果内部地产导师授课方式不得当，影响了学员培训效果，达不到预期的培训目标，怎么办？如此，所谓的跟进与考核也就无从谈起；二，如果投入大量资金培养内部地产导师，但他们"出师"之后，却跳槽了，怎么办？其实，从本质上来说，这两个问题就是一个问题，也就是内部培训团队的培养和管理问题。在培训团队内部实行"微调式晋升机制"，不仅要满足不同培训者的等级感和荣誉感，还要建立相应的约束机制和考核机制。

（2）怎么讲

"怎么讲"是一个让地产企业领导和内部地产导师颇为头疼的问题。

引导企业内部培训团队、做好培训工作的最重要因素就是要有足够的自信，地产导师在讲课的时候要昂首挺胸、落落大方、从容不迫、侃侃而谈。当然，仅有自信也是远远不够的，还要具备丰富的知识底蕴和广阔的行业视野。

（3）给谁讲

正确的做法通常是先客观分析出问题的症结所在，然后从最为紧迫的因素入手，比如，是先解决销售还是先解决管理，先提升业务能力还是先提高导购技巧，先解决品牌形象传播还是先快速提升销量等。只有找到问题关键点，才能搞明白"给谁讲"的问题。

（4）讲什么

真正有效的内部培训永远都要讲一些实实在在的东西，要让学员在理性的思维下产生心灵的碰撞。因为，只有在理性的思维下，才能产生心灵深处思想的交汇和观点的认同。

2. 打造地产企业的内部培训

地产企业的内部培训，要从下面几点做起：

（1）设计合适的培训专题

设计培训专题的时候，一定要确立明确的目标——到底要解决企业的哪些问题，而不是把精力放在专题结构上。同样是"生产计划的管理"，常规的内容包括：计划的重要性、计划的制订方法、分类、计划评审、计划的调整、明细计划的制订、过程的控制、计划的考核等。可是，企业不同，侧重点也不同，内部培训要多讲企业的弱项。

（2）要用企业自己的教材

地产企业运作的内容、经营管理体系文件、存在的问题、典型的案例等，都是现成的教材，整理成教案，就可直接教授给学员。这样，不论是管理培训或基层员工的操作培训，都能起到"作业指导"的作用。员工根据课程的要求，照着执行就可以了。这样的培训，既可以学到知识，又能够提高执行力。

（3）以内部案例"说事"

内部培训要深入到企业中，收集、整理现成的案例。课堂上将企业内部案例信手拈来，既能吸引学员的注意力——当事人可能就在授课现场，又能解决实际的问题——企业管理者可能就在现场。地产企业存在的问题大致可以分为以下几类：管理体系文件不健全、执行力不到位、缺乏凝聚力、高层领导朝令夕改、从业人员素质差、技术力量薄弱、没有成本意识、缺乏服务精神……任何一件事，从不同角度分析，都可以从上面的分类中找到答案。

（4）要有"一盘棋"意识

地产企业都有自己明确的经营目标、工作计划和不同阶段的工作重点，企业的培训计划、培训课程要与企业的经营目标、工作计划、工作重点保持一致。

第二章 布局实施：地产导师如何做培训实施

第二节 外部培训

地产企业要发展，就要解决前进中遇到的人才问题，要想解决人才问题就需要培训。有的人才可以通过公司内部培养，而有的专业人才或管理人才仅靠公司是无法自我培养的，要么空降人才，要么借助外训慢慢培养，大公司如此，中小公司也不例外。

进行外部培训，如何才能提高效果呢？

1. 派遣员工外出参加公开课

公开课的类型有专业技能型的，如薪酬设计培训、税务筹划培训、电话销售培训、TTT 培训等；有思维意识型的，如管理干部培训、团队合作培训等。

笔者认为，一般专业技能型的外训需求多半都是员工自己提出来的，只要申请，就会获得技能提升的机会；而思维意识型的培训，一般是公司或上层管理者提出来的，要求管理者或员工参加，是为了提升思维意识，改善公司的管理环境。换句话说，从员工的角度出发，外训需求有主动需求和被动需求，两种需求员工的参与积极性是不同的。

操作过外训的人通常都有过这样的体验：

老板要求安排一个心态外训，想尽办法好不容易凑齐了参训名额；年底调查统计培训需求时，员工提出来的专业需求都能把调查表填满，恨不得每月都能有机会出去外训，管理者得硬着心、黑着脸去砍课程、砍人员。同时，说不准什么时候有人又会递过来一张外训申请表，强调这个培训对工作多么重要，一定要参加。这里就涉及了卖方与买方市场的关系。所以，卖方市场情况下，一定要严格把控参训流程。

（1）确定参加外训人选的资格标准。对于员工来说，过去的工作业绩、工作态度、公司认可度等，只有符合标准才有享受公司资源外训的资格；当然，过去是否参加过外训及外训回来后体现的效果，也是重要的评估要素。

（2）对参加同期同一专业课程的人数有一定的限定。一般参加同期同一专业课程培训的人员在1~3人之间，有超过限定人数的情况时，则按资格评分和上司评判来确定参加人选。

（3）申请参训人员必须对自己当前的专业能力做一个评估，表述清楚希望参加的这个培训对自己的提升体现在什么方面，并由上司评定。

（4）申请参训人员必须做好分享计划，参训回来后在什么时间和同事分享培训内容，以什么样的形式分享。

（5）申请参训人员必须签订公司的培训协议，约定参训回来后多长时间内不会离职，否则，要弥补培训费。

（6）年度培训预算外的申请，除了上述流程外，还必须经过培训部、财务部和总经理的审批方可参加。

2. 邀请外部地产导师来公司做集中培训

邀请外部地产导师来公司做培训，次数相对来说比较少，但是每次的

第二章 布局实施：地产导师如何做培训实施

动静都比较大，会给培训部带来巨大的压力。上到老板，中到高层，下到参训人员，都可能会对培训效果进行评说，做得好与不好对培训部的工作业绩有着直接影响。所以，每做一次培训都要慎重对待，要重视细节。

要想做好组织工作，就要做到下面几点：

方　法	说　明
确定参训对象	根据课程主题确定参训人员的范围和数量，不一定是越多越好。一般来讲，专业培训课程要想取得较好的效果，课堂人数不能过多，因为地产导师要在授课的过程中关注学员的状态，根据学员的状态来调整上课的节奏和方式；人数在一定范围内，地产导师才有掌控课堂的信心，课堂里的每个人才能被地产导师的能量覆盖。所以，要先确定参训人员范围后再和地产导师沟通多少数量的学员比较合适
寻找外部地产导师	可以通过朋友、公司员工推荐，寻找培训公司推荐，在培训网站、YY教育、报刊杂志等公共平台上搜寻
识别有水平的地产导师	现在的社会，地产导师可以说是遍地都是，打开地产导师介绍，个个都是厉害人物，XX第一人，XX开创者，十大金牌地产导师，XX认证地产导师，XX大学客座教授，一定要认真辨别

怎样才能找到真正有水平的地产导师？

首先，看地产导师的讲授课程。如果一个地产导师所讲授的课程跨度不大，基本上是在一个专业的上下游，比较聚焦，那么这个地产导师的专业度应该是可信的。相反，如果一个地产导师的课程跨度很大，市场能讲，管理也能讲，人力资源也能讲，那这个地产导师的专业度是要打一个问号的。因为人的精力是有限的，如果讲的东西多，那讲的深度肯定会有限。

其次，看地产导师的授课经历。讲课是要水平的，肚子里有货要能有效的倒出来才行。授课的次数要有一定的数量，地产导师的授课技巧和风格才能成型，对课堂的驾驭能力才有自信。必要时甚至可以和地产导师之前服务过的企业取得联系，了解一下该地产导师的情况。

再次，看地产导师的成长背景。是理论研究时间长，还是企业实战时间长？有理论体系基础的实战派，尤其是本行业的实战经验，是最好的。

第四，看地产导师的视频精华。有资历的地产导师都会有过往授课的视频精华，用来做推广介绍，可以让地产导师为你提供，感受一下地产导师的台风、表达、现场感染力等。

（3）挑选合适的地产导师

有水平的地产导师不一定适合公司的需要，洽谈的过程很关键。

首先，要与地产导师对接培训需求，可要求地产导师提供课程的PPT，评估课程内容与需求的契合度。

其次，收集问题向地产导师反馈，咨询地产导师对问题的看法，评估是否可以对课程内容做针对性的调整。如果地产导师责任心强，就会将每个内训项目做课题来研究，提出针对性方案，而不是拿一套宝典信口开河。

再次，询问地产导师对培训效果的评估是怎样进行的。真正有水平的地产导师对自己是很有信心的，对客户提出的要进行效果评估的要求是不会心虚的。可以提出分期付款的要求，尾款根据培训效果的评估情况支付。

第四，必要时，可以请公司的高层或老板直接与地产导师对接，亲自沟通培训需求，判断地产导师的专业优势能否满足需求。

（4）确定合适的培训时间

地产导师一般都是有自己的档期的，需要在公司方便的时间和地产导师的档期之间取得一个平衡。

第二章 布局实施：地产导师如何做培训实施

（5）现场组织活动

课程开始时，需要对地产导师做一个介绍，引出地产导师，烘托培训现场的气氛。至于公司领导在不在现场，这个根据情况来定。有些地产导师、有些课程希望公司领导不在现场，所以一般领导先出席培训开始仪式就走了。现场的布置要和地产导师进行对接，一般地产导师对课堂的布置都有自己的习惯要求，包括标语、横幅、白板、白纸、投影、课桌等事先和地产导师沟通好，现场按要求布置。

课程结束后，按照和地产导师沟通好的效果评估方式对培训效果进行评估，并与地产导师保持联系，将学员的后续问题进行反馈。直到尾款按约定付清后一场内训才算告一段落。

总之，内训要请到专业的地产导师针对公司的实际情况进行授课并有效果评估手段才可能有比较好的效果。

第三节　提高学员培训的兴趣

如何让学员乖乖地前来上课？如何提高学员的兴趣？必须让学员感到培训项目是有趣的、令人兴奋的，甚至是刺激的。即使是再严格的规定，也无法保证学员一定会按时出席；但当学员觉得这是个有趣的项目时，自然会兴致盎然地到课堂报到。

如果已经得到公司高管的支持，下一步就是要设法调动起员工对培训项目的好奇心和积极性，之后课程就可以粉墨登场了。

1. 营销需要"加油添醋"

"营销"培训项目的第一步，是撰写一份令人感觉新奇有趣的培训说明。当然，描述要吻合地产项目的实际情况，培训主题并不重要。

优秀的文案写手可以把最无聊的东西写得天花乱坠、天上有地下无；哪怕培训主题是"差旅费报账与核销"，你也可以把它写得精彩绝伦。尽量发挥你的想象力，让员工觉得不参加你的培训简直是人生最大的损失。

接下来，你需要发一封"声情并茂"的电子邮件给所有学员，告诉他们将会从培训中得到什么，以进一步调动他们的热情。但千万不要照搬那些冷冰冰的培训目标陈述，应该用更有趣的辞令来吸引员工，正如那些广告当中的花言巧语一般。例如，对于一个销售培训项目，可以有下面两种说法：请准时参与新销售技巧课程；想知道如何让顾客兴奋地尖叫吗？

员工对哪种说法更感兴趣？天底下也许没有新鲜事，但优秀的地产导师总能用巧妙的语言来打动员工的心、激发他们的兴趣和好奇心。此外，还要举一些实际的例子，例如：参与过试点课程、前期培训员工的证言，从中寻找一切能让学员好奇和兴奋的点子，告诉员工：他们花时间来参加培训是值得的。

2. 对员工有用

很多被强迫参与培训的员工都是百般不情愿，如果你能告诉他们：培训内容有哪些？对他们有什么帮助？情况就完全不同了。例如，"差旅费报账与核销"的培训课对员工有什么帮助呢？告诉员工掌握了报账与核销程序，就可以准确了解报销比例，并且尽快完成费用报销。

作为培训项目"营销"的一部分，可以录制一段简短的视频，由公司高管来解释哪些人应该参与这项培训，以及为什么。切记，不要让员工觉得你的培训只不过是公司的另一次无聊尝试。

3. 善用邮件提醒

如果前面几步进行顺利，已经成功激发了员工的好奇心和热情，说不定已经有很多人迫不及待地报名了。但要记住，人是健忘的，必须确保这些学员到时候会按时出现。因此，应该继续对已登记的学员进行营销。不要只用日历邀请功能，很多人会忽略那些小字。电子邮件提醒是不错的办法，在发送提醒邮件时，继续善用"这对我有什么用"的营销法，来保持学员们的热情。持续进行前期工作，来延续学员们的积极性，并最终让他们准时来课堂报到。

当然，在这一切准备工作做好之后，地产导师就要端出一个高质量的、尽善尽美的培训课程。广告宣传即使做得再好，课程内容本身很渣，一切都会前功尽弃。相反，如果学员被你的"花言巧语"吸引过来，发现你讲的都是实实在在的东西，确实能让他们大有所获，你的培训"品牌"也就建立起来了。下次当你推出新课程时，会有很多员工自发地登记参加。

第二章　布局实施：地产导师如何做培训实施

第四节　如何开头

俗话说，万事开头难。其实开头并不难，难的是如何让自己的开头漂亮完美。作为一个职业地产导师，在开头这至关重要一点上莫过于开场白了。由于多种原因，地产导师开场白经常会犯各种形式的错误，因此要尽量减少失误，有效地提高开场效果。所以，地产导师了解开场白的一些禁忌非常重要。

1. 经典的培训开场白

（1）从天气说起

夏季的一天，温度很高，阳光明媚。一位培训导师给公司学员做基础培训，在考虑如何开场时，他决定借鉴当天的天气状况做个开场。于是，培训开始时：

"大家早上好，欢迎你来到我们XXX公司。今天阳光明媚，天气非常炎热，祝愿各位每天的心情都像今天的阳光一样，永远开心明媚；对待生活、工作、学习像今天的温度一样，永远激情澎湃。"他的声音音调逐渐高上去，这时他发现，很多学员都露出了微笑，现场变得很轻松，拉近了与学员的心理距离。

（2）抛出问题

一次，给一百多人的团队讲课，地产导师刘梅发现，她被介绍上场时，现场听众情绪并没有达到理想状态，当然对她也不够了解。于是，经过简单而富有激情的问候后，刘梅很快取得了听众的呼应，之后立刻抛出一个问题："请问各位亲爱的伙伴，今天是个什么特殊的日子？"

一问完，大家的思路就被引导去想今天是什么日子。可是，当天并不是什么特殊的节日，有人说是不是谁生日，有人说是不是冬至，有人说是第一次听你讲课……各种有趣的猜想充满课堂，气氛逐级升温，刘梅不断地点头微笑附和，最后看到时机已到，刘梅便告诉听众："各位伙伴，你们回答的都很好，而我要告诉你的是，今天是你人生当中从来没有经历过的全新的一天，同意吗？所以各位我们应该给我们全新的一天，热烈掌声鼓励一下。"

（3）从故事切入

一次，地产导师张海去给学员做培训，结果发现，培训教室只能容纳四十多人，学员普遍都坐在教室后面，于是她说："这个现象我发现很久了，为什么大家都愿意坐在后面呢？我想这大概是中国人的本性吧。在这里，我先讲一个故事……"

讲完故事后，张海用高昂的声调说："'永远坐在前排'是一种积极的人生态度，激发你一往无前的勇气和争创一流的精神。在这个世界上，想坐前排的人不少，真正能够坐在'前排'的却不多。许多人之所以不能坐到'前排'，就是因为他们把'坐在前排'仅仅当成是一种人生理想，没有采取具体行动。那么现在，各位，有没有想坐前排，并且愿以自己的行动真正的坐到前排来的?"

之后,员工都坐到前面来,达到了心与心的碰撞。

2. 地产导师开场白禁忌

地产导师开场白的禁忌主要有以下几点:

(1)不要反复强调主题和内容

反复强调主题和内容,是地产导师开场白中最易犯的错误之一。培训的本意是为了强调主题和内容的重要性,同时也是暗示培训的重要性,希望引起学员的重视和配合。适当的强调是应该的,也是必须的,但是如果反复强调主题和内容,就会喧宾夺主。同时,还会让观众失去兴趣。地产导师已经强调很多次,观众感觉已经完全了解了,必然不会认真倾听;另外,细心多疑的观众心里会想:"这个地产导师怎么只讲这些呀?是怀疑我们的智商呢,还是地产导师自己没有讲的了?"

同时,反复强调主题也是地产导师不自信的不经意流露,越是不够自信的东西,才需要反复强调。在开场白中,适当强调主题和内容就可以了,不要成为祥林嫂。

(2)不要没完没了

地产导师容易犯的另一个错误是:开场白没完没了,好像永远进入不了主题。这里一共有这样几种原因:第一是因为性格原因,性格活泼的地产导师天性好侃,善于讲故事和笑话,深受观众喜好,所以就有更大的发挥空间,有时会忘了进入主题。另外一种情况是,地产导师准备不充分,主题内容的资料不太丰满,但是为了满足课时需要,只能在开场白上下工夫。还有一种情况是,某些地产导师自我表现欲望很强,在讲自己的成功故事时会侃侃而谈，得意忘形。开场白就是开场白，要像开胃菜一样，既要吃开胃菜，还要多吃主菜。

（3）不要直奔主题

很多地产导师，一上台来就习惯性地直奔主题，看似重视时间，其实学员的注意力和思维还没有转到地产导师身上和培训中来，培训效果是会受到很大影响的。

成人教育和在校教育不同。在校学生，他们已经有思维和习惯，只要进教室就意味着学习的开始，所以不需要太多的开场白，直奔主题即可；而成年人离开校园多年，已经没有进教室就学习的习惯，集中注意力是需要时间的。

（4）不要装腔作势假抱歉

如果说以上的"示弱"是因为新手自信心和经验不足，大家还可以理解，那么地产导师一上台就说："今天没有做什么准备，讲得不好的地方请大家原谅"，定然会让人深恶痛绝。学员会怎么想："你没有做准备还讲什么讲，不是耽误大家的时间吗？"

话没有说完，就掏出厚厚的发言稿："今天我为大家主要讲以下几点，十个大点，每点有八个小点，每小点有六个分点。"这种场景虽然出现的次数少了，但不可取。还要杜绝那种"我讲的只是自己的看法和认识，不一定是对的，大家自己根据具体情况运用"等说法。否则学员会想："如果自己都不敢肯定自己是对的，还讲什么？另外，到底你讲的什么地方是对的，我们该听该学习哪方面呢？"当地产导师接着讲正文的时候，学员不是在学习，而是在区分究竟哪句话是对的。

地产导师的谦虚是可以的，谦虚是一种心态和胸怀，作为为人师表的地产导师更应该如此。但是，谦虚并不是否定你自己的东西，尤其是你自己要讲的东西。地产导师应该遵循这样一个原则："如果你自己没有把握，那就不要讲。"

马云说过一句话："就算我说的是错的，但是我相信它是对的，比那些就算他说的是对的，但是自己都不相信是对的，要好。"这就是地产导师应该做到的。当然前提是：你要确保自己讲的是正确的。

（5）不要祈求掌声和支持

示弱，甚至于祈求掌声，是地产导师最不应该在台上做的，同时也是最易犯的错误。培训不仅仅是游戏，还是一场战争，是地产导师与学员在心理上的斗智斗勇，尤其是在培训的刚开始。

每堂培训，总会遇到喜欢挑刺的学员，地产导师示弱，一开场就被人家打下去，以后再想回来就难了；一旦控制不了场面，再好的内容都无法正常传递和沟通，即使是想积极配合的学员，也无法安心顺利的进行。所以，绝对不要说"我有些紧张，希望大家多些掌声"等言辞。

同时，地产导师不是娱乐明星，他们可以说"掌声在哪里？"但是你不能，因为你是地产导师。

地产导师的名字不叫"弱者"，要永远明白自己的身份。在人格上大家是平等的，在生活中大家是朋友，互为地产导师，但是在讲台上地产导师就是地产导师。在台上，地产导师是绝对的权威，虽然不是在任何方面都堪称地产导师，但至少在你正在讲的方面，你有资格做地产导师。

地产导师在台上的心态是——我的地盘我做主！

（6）不要过多解释为何培训

为了引起观众的重视和注意，制造一个"师出有名"的感觉，有些地产导师会过多的解释和强调为什么要参加这堂培训，结果只能适得其反。太多的强调只会说明内心的心虚，既然组织了这次培训，大家都已经来到这里，说明大家至少觉得"这次培训是值得的"。要让学员继续待在这里，就要讲实实在在的内容，只有为学员提供真实有效的东西，才能受到欢迎。

第五节 掌握培训的最基本表达方式——案例法

所谓案例分析法就是，围绕一定的培训目的，把真实的情景进行典型化处理，形成供学员思考分析和决断的案例，通过独立研究和相互讨论等方式，来提高学员的分析问题和解决问题的能力。

案例培训法始创于美国哈佛商学院，后来被企业界广泛采用。其注重导师与学员之间的互动，结合学员的实际工作需要，提供现实生活中的案例，由学员根据自己的学识和经验，通过讨论来解决案例中提出的问题，提高学员解决问题的能力。

具体过程是：地产培训导师设计好一个教学案例，并提出若干条需学员事先准备和思考的问题，提前2~3天发给学员；到了正式培训的那一天，地产导师先做一个简短的引导报告，讲明必要的理论知识和注意事项，然后对学员进行适当分组，按要求开始研讨。1小时后，把所有小组再集合起来，由各组派出1名代表进行结论汇报，全部完成后由地产导师进行点评，若有必要，可以自由发言；全部结束后，让学员在2—3天内递交一份总结报告，地产导师再根据学员的综合表现进行评分，得出结论。

怎样用好案例培训法？

1. 调动学员的积极性

首先，我们必须明白，案例培训法的主体是学员。要想取得成功，地产导师必须维持学员长期的积极性，更不要在无意中打击学员的积极性。这就要求地产导师，首先要摆正学员的位置。地产导师只是导演，真正登台演出的是学员。地产导师可以主动地实施指导，但这是以学员的主体地位为前提。

其次，地产导师可以在案例中加进一些其他因素，以维持积极性。人们常见的是用角色扮演或写案例分析来代替讨论。

最后，要避免对学员的观点发表评价性的意见。地产导师的发言应当鼓励和引导学员更加积极深入地思考他们的观点。

总之，地产导师应注意尽量避免指出学员的发言在逻辑推理和论证方面的不足之处，始终保持自己的作用，这样学员才会积极参与讨论。

2. 引导学员一起讨论

首先，案例法的讨论方式不是唯一的，对于不同的案例，可以采用不同的讨论方式。比如：对于争议较大的案例，可以采用宣读分析报告式讨论；对于情节性强的案例，可以采用角色扮演式讨论。在讨论开始前，地产导师要设计好讨论方式，并将各种讨论的做法、规则告诉学员。

在讨论过程中，地产导师不要做甩手掌柜，要控制好讨论的进程与气氛。如果学员发言过于烦琐，或者海阔天空、离题万里，地产导师就要做适当提示；如果辩论非常激烈，气氛较为紧张，地产导师要做适当穿插和总结，以缓和气氛。而对学员没有顾及到的方面，也要做适当提示，使讨论更为深入。

3. 做好案例内容安排

为了满足小组的培训需要，案例要经过地产导师的研究，确保所需要的内容都包含在材料中，例如，营、销、财政、工业关系、生产等。在更长的案例中，可能会包含管理的许多层面，具有较高的学习价值；有时候，短一些的案例更为合适，当学员需要增进对组织某方面的理解时，长点的案例则很适用。

4. 合理展示案例内容

展示通常以书面形式，这有好处，可使内容得到参考和解释。另一方面，有一些有趣的展示，录音的胶卷用于短的案例，长的用于电影或影碟。这样的好处是更真实，更接近管理者通常遇到问题的方式。通常有某种文章选出所讲的不同意见等。简单的录音也可被使用。当然，对于任何类型的内容，可使用任何形式的展示。然而，一种形式的展示也许更适合这个小组而不是另一个小组，这要视实际情况而确定了。

5. 明确选用案例的要求

大多数地产导师能写一个令人较满意的短案例，虽然写一个长案例需要更多的经验。短案例是在有趣的环境里表达一个问题，引起学员的兴趣，并鼓励学员与案例中的个人相一致。写短案例时，应该记住一个人提供材料的学习和讨论，所以它需要以这样一种方式来写，就是学员能做出自己的推理，得出自己的结论，而不从地产导师那得到任何指导。作为对上一节的补充，具体来说我们还应遵循以下几点：

（1）题目应客观，不要暗示在案例中可能发现的问题，因为暗示特殊问题的题目会使思维狭窄。

（2）案例能使用普通名字，不要使用造作的名字，失去真实感。

（3）利用图表、表格简明扼要地写出需要人们了解的情况。

（4）留有学员自己做推断和设想的余地。

第六节 小组讨论，积极互动

小组讨论也是培训常用的一种方式。由于这一方式着重解决现实问题，因此得到了企业领导人员的欢迎。小组讨论可以以小组研讨、全体学员一起研讨，然后分组研讨或小组之间就某一问题辩论的形式进行，其目的就是要深入分析问题并提出明确的解决方式。

1. 小组讨论培训的形式

小组讨论形式多种多样，主要简略介绍以下三种：

方　法	说　明
有组织地讨论	有组织地讨论是一种常见的小组讨论形式，其主要意图是达到设定的目标。对于小组成员来讲，在协调需要学习的相关论题时，最后加入一些心得体会，这样能更加促进学习
开放式讨论	开放式讨论是一种无组织的讨论形式，完全信赖随意发挥，由促进讲话题者充当中间人和仲裁者。此类型讨论适合于大声地发表自己的观点和发泄受挫折的情绪。唯一可能出现的问题就是必须有1~2位现场权威始终在支撑着谈话的继续
陪伴式讨论	陪伴小组成员全都是相关论题的专家，每人也有自己的分论题。话题引入都从逻辑的起点开始，每位专家都先回顾上位专家的内容，在此基础上，进一步阐明自己的观点，搭建自己论题的框架结构，但要保证所有的主题都必须有一定关联性和连续性

2. 小组讨论的一般原则

原则：

（1）不能开小会，注意倾听学员的发言和观点。

（2）平衡会议培训师和与会者的发言时间，尤其是讨论，无休止的讨论是乏味而低效的。

（3）发言离题时，应及时将其拉回到主题上。

（4）会议间，要做一些阶段性的复述和小结，并时常提示讨论主题。

（5）要控制好时间，无关大局的小范围讨论会后再继续。最后应留一点时间供头脑风暴。

（6）要养成记录习惯，对重要问题要记录下来。什么都不记表明参与意识不强，并且不尊重他人。

（7）发言中不要与某一个人讨论，如需临时质询，应在两句话内解决。

（8）任何创造性的观点都将受到赞许，任何人的观点都可驳斥。

（9）提出态度鲜明的观点，辅以有力的依据和缜密的分析。

……

笔者认为，以讨论培训法开展培训，首先要确定的是地产导师。地产导师可以是地产导师，也可以是学员。地产导师主要任务是宣布讨论主题，发放讨论资料，组织讨论进行，并注意强调课程讲授要围绕主题展开，不要离题。此外，当讨论双方"打"得难解难分的时候，地产导师要出面进行协调，以免影响讨论正常进行。

最后，地产导师要对讨论结果进行总结，有时要做出明确的决定，作为解决实际问题的政策或方式。一般这种情况要有地产企业的决策层在场，并经过首肯，因此，应用讨论培训法开展培训时，最好能有企业决策层参加。

3. 克服讨论中的困境

谈论中，经常会遇到这样一些问题，如何解决呢？

（1）集体极其安静

试想，你在上面讲得热火朝天，而台下却穷无声息，效果会怎样？这时候，就可以问问学员：为什么他们会如此"残忍"地用寂静来折磨你？这时候，他们就会给出各种理由：也许你的材料学员早已接触过，也许他们理解不了你的材料，也许是你自己的方法应当改进。

（2）进展过快

有时小组成员会很快就兴趣盎然，这一点在你有充分准备的情况下是一件好事。为了控制速度，可以要求得到更清楚的答案，也可以让学员发表意见，或者可以提出一些更难回答的问题给学员。

（3）进展过慢

有时，学员根本听不进去你的讲课。这种情况与前面讲的情况不同，但同样可以运用某些共同的方法加以解决。你可以用点名的方式指定某位学员回答问题。有时，你可以故意说错某些明显的内容来引起学员的质疑。但如果他们仍然毫无反应，你就要采取行动来引起他们的兴趣。你必须给大家一个倾听和参与的理由。

（4）遇到健谈的学员

如果整个培训的进程都在掌握之中，出现一两位健谈的学员，确实能给整个培训过程增添很多有益的价值。可是，当这种情况发展到了分散其他成员注意力的程度时，就要进行必要的干预了。在真正干预之前，最好能够让其他的人"挺身而出"，使这些健谈者安静下来。如果这样不行，就要果断地打断这位谈话者，为他发言做总结并直接进入下一个议题。

（5）遇到安静的学员

有些学员整个现场都会异常安静，如果想让他参与进来，可以向他提出一些直接问题。当然，设计的问题，他们最好能够容易地回答。如果面对的是一位资历颇深的老员工，可以请他谈谈自己的经历并与大家一同分享。

（6）学习脱轨

有时，一次讨论会能善始但不能善终。地产导师必须重视这种情况，并采取措施。可以问大家：我们的讨论是否已经偏离了主题？或者更简单地告诉他们：我们的时间有限。要让学员明确什么是应该谈的，使他们在偏离主题时有所察觉。

（7）参与者之间相互攻击

这个问题可能影响极大。学员之间发生了争吵，必须尽快制止；如果还得不到解决，必须明确告诉他们：或者保留自己的意见，或者一起离开。

（8）地产导师与学员发生冲突

有时，地产导师也会陷入与学员的互相冲突之中。优秀的地产导师通常都会忘掉这些，并继续以正常的态度对待这位学员。

（9）遇到神侃者

某些学员喜欢高谈阔论，滔滔不绝。当他们稍做停顿时，可以问问他们：他们的高谈阔论究竟所指何处。必须礼貌地打断他们尚未结束的谈话，谢谢他们并直接转向下一个议题。彬彬有礼地中断他们的谈话后，要加上你的总结，其中要涵盖你能理解的所有要点。

（10）遇到辩论家

对于有些爱好辩论的学员应当给予适当的忽视。大多数情况下，大家会主动要求这位辩论家保持安静，使培训能够得以继续。同样，可以利用休息时间和他谈谈，告诉他：其他人会因为他的咄咄逼人而感到不适。最后不得已的方法，只能请他离开。

（11）学员说悄悄话

如果发现有人私下里大谈特谈，就让他们大声说出来，以便让台下的每一个人都知道他们在议论什么。事实证明，这种礼貌的、没有攻击性的干预会有效地制止他们说悄悄话的行为。

第七节 游戏演绎，提高培训的知识性和趣味性

游戏训练法是一种在培训员工过程中常用的辅助方法，可以改变培训现场气氛；同时，由于游戏本身的趣味性，还能提高学员的好奇心、兴趣和参与意识，并改良人际关系。

现在，国外已有许多企业将游戏训练引入培训员工的课程中。其实施要点是：

1. 引入游戏时应注意

（1）注意引进游戏训练法的目的是为了给"培训学员"提供服务，因此不要以游戏本身作为培训的目的，而要使之成为一种单纯的游戏，将其纳入培训计划，作为辅助教学的方式。

（2）慎重考虑游戏在整个课程中的插入位置，不要使其与此前后内容格格不入。因此，地产导师最好熟知各游戏的特征，如目的、效果、观察要点等；然后，在订立培训计划时，反复斟酌在哪一阶段的培训过程中加入哪种游戏。

（3）应注意收集各种团体教育训练游戏，比如：领导能力诊断、设计人生、探险等，还要了解其优势特性，以便纳入培训计划中。

2.地产导师应注意

（1）在游戏训练中，地产导师是游戏的组织者、旁观者和协助者。在游戏过程中，地产导师要把握参与游戏的"度"，既不能对游戏方法不闻不问，也不能过分热情地参与游戏。

（2）地产导师在游戏中还有其他职责，除了让游戏顺利开展外，还应注意现场状况，掌握各种情况的变化。

（3）地产导师不仅要了解游戏方法、规则讲解外，还应了解游戏目的，具备洞察团体及个人含义的能力。

3.受训者是管理者时

当受训者是管理者时，采用游戏训练法的目的大多用来塑造气氛，促进团体合作，不一定要与经营管理直接相关。特别提醒：（1）选择恰当的游戏，并插到恰当的位置。（2）游戏训练法目的在教育，而非游戏。（3）地产导师要做好游戏组织者、协助者和旁观者，洞察队员行为心理。（4）不是每次培训都要有游戏，要视具体情况考虑需不需要游戏辅助教育。

第八节　如何完美结尾

地产导师在开场白上做足了工夫，也不能忽略了结尾语的重要性。低调的、软弱的，或草草收场没有总结的结尾，都会使整个培训黯然失色。而一个设计巧妙的结尾语能使学员记住所学内容，并将目光放到将来；激励学员改变行为；制造向上的气氛，激发他们的热情；双方共同承诺下一个行动计划。

完美结尾的方法有：

1. 总结提炼法

培训即将结束的时候，地产导师要总结一下前面所讲的内容，强化一下重点，或者补充一下重要的但是前面没有涉及的内容，将所讲内容前后连接成整体，然后有力地结束。

在一次培训即将结束的时候，地产导师让学员一起来回忆所学的内容："我们一共讲了五项内容：第一，科学计划和目标管理；第二，高效沟通和激励；第三，科学授权；第四，团队协作；第五，全面执行。这五项技能是一个管理者必须掌握的技能，其中……"

总结提炼法的重要特征是"总结+提炼"，重在"提炼"。地产导师通常会用总结法，但是缺乏提炼，无法达到一定的高度，显得比较平淡。

2. 发出号召法

发出号召法是一种容易掌握的方法，而且见效快，很容易获得掌声。针对主题，地产导师可以向学员发出号召，激励大家去努力实施，比如：

这两天，我们一起学习了"地产导师的五项技能"。这五项技能是地产导师的必备技能，也是通向卓越的必由之路，让我们大家携起手来，为成为卓越的地产导师而共同努力。

3. 展望未来法

对于未来的发展前景和美好蓝图进行展望，可以激励学员对未来充满信心，促使学员努力奋斗。比如：这两天我们共同学习了"地产导师的五项技能"。这五项技能是我们作为地产导师必备的五项能力。在全球一体化、越来越平等的竞争环境中，未来充满了挑战，同时也有更多的机遇，一定会有更多卓越的地产导师脱颖而出，相信那就是在座的你们。让我们共同努力，再创辉煌！

4. 推崇法

在本次课程即将结束时，推崇后续的内容，引起学员的期待，吸引学员积极参加后面的培训。

推崇法通常用在两种情况下：

（1）地产导师推崇自己的课程

①涉及同一个主题的不同部分。比如：培训主题"地产导师必备的五项技能"，可以这样说：这是一个地产导师必须掌握的最基本的技能，今天大家一起学习了前面三项，还有后面两项：第四项团队协作和第五项全面执行没有学。可以这么讲，前面三项是基础，后来两项是目的，作为一名

第二章 布局实施：地产导师如何做培训实施

地产导师就应该强调团队合作，从而最终做到全面的执行。那么到底该如何加强团队合作，从而全面执行呢？咱们明天继续讲，今天培训到此结束，明天再见。

②本主题已经结束，还有其他的主题。比如：我们这两天学习了"地产导师必备的五项技能，这是一个地产导师必须要掌握的最基本的技能，那么是不是掌握了这五项技能就能成为一名卓越的地产导师呢？不！作为一名地产导师，除了掌握以上五项技能外，还要具备一项重要的能力，就是管理人的能力。如何识人、用人、留人，这是地产导师必须掌握的重要内容，也是我们下次培训要讲的主题，欢迎大家参加。本次培训到此结束，谢谢大家。

（2）地产导师推崇其他地产导师的课程

用在几个地产导师同台演讲的时候，前面的地产导师在课程结束时要推崇后面地产导师的课程，地产导师相互推崇，才能形成良好的风气。注意：推崇要适度，推崇过度就是推销。推崇和推销可不一样。推崇是发自内心的赞美，推销是口是心非的表扬。推崇后面的内容，那是因为它很重要，如果推崇的东西和实际情况不一致，这就是在欺骗。

5. 引经据典法

引用某些权威的语言和著作来强化内容，加强学员的印象。比如：这两天的培训即将结束，在两天的时间里我们共同学习了"管理者必备的五项技能"，已故的著名管理学大师彼得·德鲁克在其经典著作《卓有成效的管理者》中提到，"管理者是可以培养的，管理者的成效也是可以训练出来的。"相信通过这两天的学习，大家的管理技能都得到了提升；相信两天的所学，一定能为大家今后的工作带来帮助。

6. 紧急结尾法

通常是在时间不够，或者发生某种突发事件而必须结束的情况下采用的方法。

紧急结尾法的模式：总结＋推崇法。这要求地产导师在最短的时间内总结曾经讲过的内容，然后对原来计划要讲的但不得不结束的内容进行推崇，然后结束。

比如：今天我们讲授的主题是"地产导师的五项技能修炼"，让我们共同来回忆一下：第一项，科学计划和目标管理；第二项，高效沟通和激励；第三项，科学的授权；第四项，团队协作，现在我们已经讲了前面四项，第五项是全面执行。执行能力是地产导师最基本的能力之一，是衡量地产导师管理水平的重要指标之一，也是确保前面四项能力得以真正实现的重要保证，因此我们专门安排时间，给大家做深入的沟通和学习。

第三章
会议管制：地产导师如何做会议管理

第三章　会议管制：地产导师如何做会议管理

第一节　早会：鼓舞士气，让人们心怀热情去工作

"一鼓作气，再而衰，衰而竭"，古代军事家大战前夕均要想尽办法、用尽手段鼓舞士气，可见士气对胜利的重要性。一日之际在于晨，在工作过程中员工士气的高低对于工作效率、品质有着及其重要的影响。

1. 早会流程

（1）整队报数

通常，早会队列最多不超过四排。队型示意图如下：

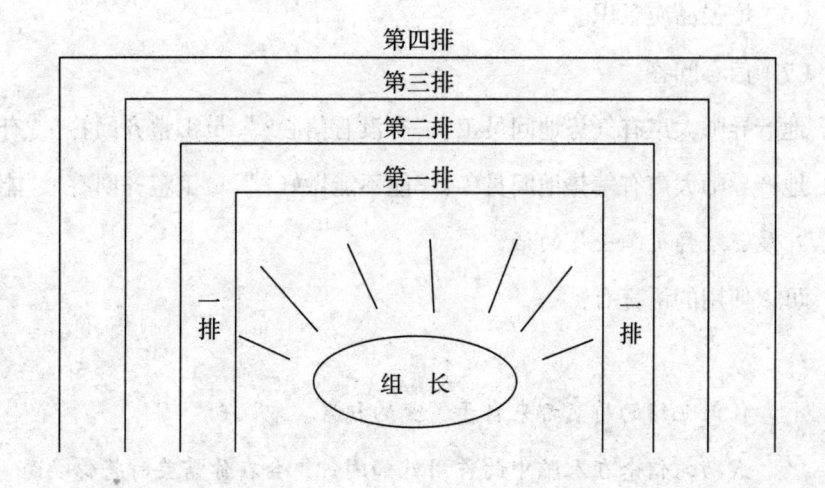

```
            第四排
         第三排
      第二排
   第一排
一                    一
排        组  长      排
```

（2）早会问候

早会之前地产导师热情大声地问候员工"早上好"，全体员工整齐、宏亮回应："好"，鼓舞士气，增强共鸣。

（3）早会宣导

前一天工作总结：品质、6S、重要事项。

公布日生产计划：生产安排、日计划、产量要求等。

当天工作重点：品质、6S、重要事项。

思想意识教育，鼓舞士气。

（4）早会提问

在早会宣导的过程中，随机将刚宣导的某一要点向某员工提问，让员工重述该要点，加深大家的记忆。

（5）全体人员宣誓部门精神。

（6）增强品质意识。

（7）信心问答。

地产导师大声有气势地问员工："有没有信心？"员工整齐回答："有"。

地产导师大声有气势地问员工："能不能做好？"员工整齐回答："能"。

2. 晨会鼓舞员工士气的话

可以使用的语言有：

任何业绩的质变都来自于量变的积累。

成功的信念在人脑中的作用就如闹钟，会在你需要时将你唤醒。

靠山山会倒，靠水水会流，靠自己永远不倒。

没有人富得能够不要别人的帮忙，也没有人穷得不能在某方面给他人帮忙。

别像乌鸦落在黑猪身上一样，只看到别人的黑，看不到自己的黑。

最精美的宝石，受匠人琢磨的时间最长；最贵重的雕刻，受凿的打击最多。

光脚的永远不怕穿鞋的。

可以先知先觉地领导产业，后知后觉地苦苦追赶，不知不觉地被淘汰。

生命太过短暂，今天放弃了明天不一定能得到。

业精于勤而荒于嬉，行成于思而毁于随。

空想会想出很多绝妙的主意，但却办不成任何事情。

……

3. 鼓舞士气的晨会互动小游戏

（1）我不怕

晨会互动小游戏能够极大地鼓舞员工的士气，还可以带动晨会的气氛和员工的积极性，调动员工的干劲。

首先，选一人当天气预报员，其他参与者面对着他，站成一队，相距2~3米远。游戏开始，当天气预报员发出各种气象预报时，全体游戏者要做出勇敢的反应，如：

"刮大风。"——"我不怕。"

"下大雨。"——"我不怕。"

"有大雾。"——"我不怕。"

"下大雪。"——"我不怕。"

当听到"下冰雹啦!"时,所有参与者必须赶快转身抱头蹲下。此时,天气预报员手拿一个乒乓球,击打反应迟钝的人。动作迟缓的人,被预报员用乒乓球击中,就算失败,要和天气预报员互换角色,然后接着游戏。连续失误三次就表演一个节目,或接受一个惩罚。

(2)下一个是谁?

假如有12人玩游戏,首先,让大家站成一排,从左到右报数,让每一位参赛选手拥有自己的序号。然后,游戏开始,地产导师随机叫出某一序号(如5号),该选手(5号)大声答"到"并立即退到队列尾端;同时,由该选手(5号)随机叫出任意序号(如9号),选手(9号)大声答"到"并立即退到队列尾端;同时,选手(9号)再次随机叫出任意序号……如此反复。

游戏中,没有反应过来的被淘汰,叫到自己的被淘汰。每个人的序号都在时刻改变,一直游戏,肯定会有人出错。当队伍少于5人时,游戏结束,剩余者获胜。

第三章　会议管制：地产导师如何做会议管理

第二节　夕会：提出问题，讨论问题，解决问题

夕会是日常管理重要的会议，是利用下班前后的时间，组织小组成员召开的全天总结会议。

1. 具体操作要点

业绩通报：通报每天新产生的业绩；

经验分享：每天联络客户产生的心得，无论成交与否，只要产生心得就做分享；

案例分析：主要针对潜在客户跟进上，要讲出细节，包括客户办公室，用以推断公司文化，老板性格；

技能辅导：从员工的细节表达上，看出每个员工有哪些技能可以提升。

2. 夕会的操作流程

（1）夕会要求

召开时间：下午下班前半小时，大约在17：00~18：00时之间；

会议时间：45分钟，如果案例讨论有深度，可适当延长时间。准时开会，才能准时结束；

会议场所：经理办公室，会议室，相对封闭的场地；

参加人员：按销售部最小单位组织，每组5~8人，一般不超过11人；

座位布置：5~7人布局成半岛型，8~15人布局成U型，地产导师可以顾全大局；

会议氛围：相对轻松，注意力集中在分享和行动方案上，无须太多的花样和创意。

（2）夕会时间流程

会议开始：地产导师召集会议，记录考勤。

业绩通报：每位成员报告当天产生的成果，包括：成交客户量；成交业绩；电话量/拜访量。

分享心得：分享当天跟进客户的心得，包括：电话沟通遇到的特别情况；拜访时遇到的新的拒绝形式（以前未遇到的拒绝）；为何没有达成标准；超出日常跟进标准的原因。

这些内容，相当于员工的排毒阶段，一定要讲出情绪，别伪装。

案例分享：主要针对与客户面谈的具体情况，如果公司业务不需面谈，电话沟通的过程就是案例研讨的内容：客户公司情况；客户本人性格，所有正式接触的客户，例如前台和保安，只要详细交流就算；客户办公室所见场景（客户成交与否，可用这些细节来判断，销售高手会注重这些内容）；客户公司氛围和文化等。

提出问题：围绕客户、市场的情况，形成问题和难题，例如折扣、拒绝。合并当天重复的问题。

问题讨论：地产导师把控问题的解决形式，要明白问题之间的逻辑结构和顺序，分析出各个问题的轻重缓急，依次展开讨论。主要是让每位员工都发言。

问题解决：地产导师要明白，有的问题即使站在公司立场，依然无法解决。有的问题需要请示销售总监甚至老板，才能形成解决方案。这个环节主要是让大家参与，能参与讨论就能有进步，不得打击任何地产导师的"异想天开"和积极性。

会议结束：做好会议记录，收拾会议战场，结束会议。

第三节　周会：引导大家分享本周收获或心得

1. 开会要注意的问题

（1）会议的根本目的

开会不是走形式，也不是完成任务，根本目的是要解决问题。比如：要明确下周的工作任务和目标，总结一周工作成绩和问题，要树立榜样、塑造典型、激励大家。

（2）会议气氛的控制

会议气氛的控制也相当重要，在一个良好、热烈的氛围中召开会议，会充分调动大家的积极性，激发大家的主人翁精神，增强责任心；反之，会议死气沉沉，成了一言堂，就起不到应有的效果。

（3）会议决议的形成

开会的目的是要解决问题，那么会议就要会而要议，议而要决。很多周会，都是开了会，但没有形成什么决议，到最后，与会者还不知道最后的结论是什么、分工是什么、该怎么办。结果，会开完了，还是要跑到领导办公室去问。这样的会议，是一点成效也没有的，开了等于没开。所以，既然要开会，就要形成明确的决议。

（4）培养员工的列席

对一些优秀员工，要让他明白领导对他的重视，不用清楚地告诉他，

第三章 会议管制：地产导师如何做会议管理

只要请他列席一次重要周会即可，并请他主动发言一次。这时，周会就成了领导者手中的另一种工具，一种激励员工士气的工具。

2.成功周会的基本流程

（1）会前准备

不打无准备之仗，周会亦如此。在开周会前，地产导师应该做好充分准备，并提前通知参与者会议时间、会议主题和准备事宜。开会前才通知会议的主题和内容，与会者一无所知，什么准备都没有，全凭临场发挥，这样的周会质量可想而知。

（2）会中控制

开周会时，会议发起人一般是地产导师，当然也有特殊情况，如秘书通知。

开会过程中，应该由会议发起人主持，各参与者发言，要求每位参与者都表达自己的想法。一般而言，开会经常都会出现争论比较激烈的情况，这时候地产导师的会议控制就非常重要了，既要让参与者发言，又要避免争论过于激烈，要适时提醒参与者发表看法，但在争论过激时则要适时打断。

会议过程中，还应该要有会议内容记录人员，对讨论的重点进行记录。开会时极有可能出现的问题是，讨论中由于参与者对问题思考不够清晰，进入了讨论的僵局。这时，在这些问题上做过多的停留，只会严重影响会议效率。

会议地产导师应提出：将该问题暂时搁置，会后再思考，并约定时间进一步讨论。在会议即将结束时，地产导师应该对会议讨论内容做出总结，提出未澄清的问题，并再次强调下次开会时间。

（3）会后跟进

周会开完后，形成决议，并不意味着会议就结束了。周会形成的决议最终只有执行下去、落实到位，会议的效果才能真正显现出来。所以，要对周会形成决议的执行情况、执行成绩，以及存在问题及时进行了解，并根据情况适当调整，会后的跟进才是保证会议效果的根本和重中之重。

3. 周会大忌

召开周会，要注意下面两个方面：

（1）冗长无果

有一个地产导师，每次开周会，都是冗长无比，且每次都没有明确结果。本来一个小时的事情，在他的会上，说着说着，就说成了别的事情，而且是七嘴八舌，议论纷纷。他自己说得不亦乐乎，时间一分一秒地过去了，快要下班了，才发现会议问题还没有讨论完，只能延长会议。可是，员工不愿意。没有加班费，家里还有一大摊事情，上边不停地讲，下边不停地看表，焦急万分，不管上面说什么，下面都是 OK，结果可想而知。所以，地产导师一定要注意会议时间，既要放得开，也要拿得住。

（2）老生常谈

会议多了，就要增强会议的新鲜性，避免老生常谈。当然，如果每次周会都是谈论同一个问题，地产导师定也是存在问题的，一个问题怎么可以多次谈论而未得到解决？同一个问题，出现一次两次可以原谅，三次四次，甚至不断地说，不断重复发生，就不正常了。

开周会是一门技术，有的人开了几十年还不懂得周会怎么开，瞎开、乱开，既害人，又害己。

第四节　月会：跟上月的工作做比较，查漏补缺

对于地产企业来说，部门月会不能少。整个部门成员都参加的会议，如何才能开得高效？大体的思路和做法如下：

1. 整体回顾纠偏

（1）将部门的战略行动方案拿出来，对比实际执行的情况看看是否存在大的偏差（BSC 看板），如果有偏差就要明确该如何修正（协调资源赶上进度；与业务部门沟通加强配合；行动方案与实际有出入的尽快发起调整）。

（2）上月明确的部门重点工作推进情况回顾，完成的展示成果，达到预期目标的，关闭该工作项；有风险问题的，传递已经讨论过的应用措施，若大家对该应对措施有疑问，当场澄清、调整或明确会后专题讨论解决。

2. 各小组的深入分析

由各小组组长，整体回顾上月工作情况，不能只站在小组内部日常事务的角度进行总结分析，要站在反映上、下游协作效率问题、小组内部工作的各项 TOP 分析的讨论上。充分利用月会传递有价值的信息，解决跨小组协作的问题，不能将月会开成了工作通报会。

拿开发小组为例，月会的沟通框架如下：

（1）当月需求数据汇总：需求数据的整体变化趋势；按不同的维度进行统计。分析需求的变化趋势，并根据变化的趋势调整开发资源。

（2）需求TOP3分析：将工作量大小、需求类型、实现质量等这几个维度的前三名拿出来进行深入分析：需求的执行情况、存在问题、调整的策略等。

（3）上、下游协作回顾：在需求实现及TOP分析的基础上，对上游实施顾问的需求、提交质量的需求、传递与沟通进行回顾，锁定用户反馈的关注点，给出相应的调整和应对措施，如果发现问题反复出现，要通过专项来集中解决。

（4）小组内部工作回顾：从小组的整体及个人两个角度来回顾当月工作量及质量的完成情况，给出排名，表彰优秀个人。

（5）下月工作计划安排：结合部门的整体回顾、专业岗位的工作分析和信息小组提交的需求计划，进行下月小组工作的计划与资源安排。如果信息小组对需求实现的顺序与资源投入有疑义，尽量在会上快速讨论解决；如果情况复杂，会后专题快速解决。

3. 下月整体工作安排

根据行动方案、部门重点工作项的执行情况以及各小组的回顾与计划整体上确定下月部门工作的重点，责任落实到人，在月会上定大的节点以及成功标识，识别风险。

会后由相关责任人细化工作计划，上传至部门工作区。

会议纪要安排指定人员进行记录，会后发给部门全体人员，并上传至部门工作区归档。

通过以上这三个步骤基本上可以保证部门月会的召开能够达到预期的目的，时间控制在一个半小时之内。这里部门月会讨论的主体是部门的战略执行与业务工作，仅穿插了少量的团队建设工作，关于团队的建设（职业素养与专业技能）可放在部门的双周会上单独进行。

第五节　季会：展开头脑风暴，激发新的创意

召开季会时，组织群体决策，要集中有关专家召开专题会议，说明会议的规则，尽力创造融洽轻松的会议气氛。

1. 组织形式

小组人数一般为10~15人（课堂教学也可以班为单位），最好由不同专业或不同岗位者组成；

时间一般为20~60分钟；

设地产导师1名，地产导师只主持会议，对设想不做评论。

设记录员1~2人，认真将与会者每一设想不论好坏都完整地记录下来。

2. 会议类型

（1）设想开发型

这是为获取大量的设想、为课题寻找多种解题思路而召开的会议，因此，要求参与者要善于想象，语言表达能力要强。

（2）设想论证型

这是为将众多的设想归纳转换成实用型方案召开的会议。要求与会者善于归纳、善于分析判断。

第三章　会议管制：地产导师如何做会议管理

3. 会前准备

（1）明确季会主题。会议主题提前通报给与会者，让与会者有一定准备。

（2）选好地产导师。地产导师要熟悉并掌握该技法的要点和操作要素，摸清主题现状和发展趋势。

（3）参与者要有一定的训练基础，懂得该季会提倡的原则和方法。

（4）会前可进行柔化训练，让缺乏创新锻炼者进行打破常规思考，转变思维角度，减少思维惯性，从单调的紧张工作环境中解放出来，以饱满的创造热情投入激励设想活动。

4. 会议原则

为了使与会者畅所欲言，互相启发和激励，达到较高效率，必须严格遵守下列原则：

（1）禁止批评和评论，不要自谦。对别人提出的任何想法都不能批判、不得阻拦。即使自己认为是幼稚的、错误的，甚至是荒诞离奇的，也不能以驳斥；同时，不能自我批判，调动与会者的积极性，防止出现"扼杀性语句"和"自我扼杀语句"。只有这样，与会者才能在充分放松的心情下、在别人设想的激励下，集中全部精力开拓自己的思路。

（2）目标集中，追求设想数量，越多越好。在智力激励法实施会上，只强制大家提设想，越多越好。会议以谋取设想的数量为目标。

（3）巧妙地利用和改善他人的设想。这是激励的关键所在。让与会者从他人的设想中激励自己，从中得到启示，或补充他人的设想，或将他人的若干设想综合起来提出新的设想等。

（4）参与者一律平等，各种设想全部记录下来。参与者不论是该方面

093

的专家、员工,还是其他领域的学者,以及该领域的外行,一律平等;各种设想,不论大小,甚至是最荒诞的设想,记录人员也要认真完整地记录下来。

(5)提倡自由发言,畅所欲言,任意思考。季会提倡自由奔放、随便思考、任意想象、尽量发挥,主意越新、越怪越好,启发人们推导出好的观念。

(6)不强调个人的成绩,应以小组的整体利益为重,注意和理解别人的贡献,创造民主环境,不以多数人的意见阻碍个人新的观点的产生,激发个人追求更多更好的主意。

5. 会议实施步骤

季会实施的步骤为:

(1)会前准备

参与人、地产导师和课题任务三落实,必要时可进行柔性训练。

(2)设想开发

由地产导师公布会议主题并介绍与主题相关的参考情况;突破思维惯性,大胆进行联想;地产导师控制好时间,力争在有限的时间内获得尽可能多的创意性设想。

(3)设想的分类与整理

一般分为两类:实用型和幻想型。前者是指,如今技术工艺可以实现的设想;后者是指,如今的技术工艺还不能完成的设想。

(4)完善实用型设想

对实用型设想,用脑力激荡法进行论证、进行二次开发,进一步扩大设想的实现范围。

（5）幻想型设想再开发

对幻想型设想，用脑力激荡法进行开发，通过进一步开发，将创意的萌芽转化为成熟的实用型设想。这是脑力激荡法的一个关键步骤。

6. 头脑风暴的原则

头脑风暴法应遵守如下原则：

原则	说明
庭外判决原则	对各种意见、方案的评判必须放到最后阶段，此前不能对别人的意见提出批评和评价。认真对待任何一种设想，不管其是否适当和可行
自由畅想原则	鼓励员工各抒己见，自由畅想，创造一种自由、活跃的气氛，激发参加者提出各种荒诞的想法，使与会者思想放松，这是智力激励法的关键
以量求质原则	意见越多，产生好意见的可能性越大，这是获得高质量创造性设想的条件
综合改善原则	除提出自己的意见外，鼓励参加者对他人已经提出的设想进行补充、改进和综合，强调相互启发、相互补充和相互完善，这是智力激励法能否成功的标准
求异创新	突出求异创新，这是智力激励法的宗旨

第六节　年会：总结过去，展望未来

年会指，地产企业一年举行一次的集会，是地产企业和团队一年一度的"家庭盛会"，主要目的是答谢客户、激扬士气、营造气氛、深化沟通、促进战略分享、增进目标认同，为新一年度的工作奏响序曲。

企业年会是年会形式的一种，通常在公历年年末举办，进行一年的工作回顾，总结提高，并为下年的工作提前奠定基调。

年会不仅是一个展现地产企业文化的最佳机会，还能提升企业内部的凝聚力。年终岁末，各个地产企业在人事方面都会有相应变动，有期望加薪的未给加薪，有期望升迁的未获升迁，也有关系好的同事被裁员，心里感到难过的，劳资关系相对紧张，人心也容易动摇。举办一场盛大难忘的年会，不仅可以让员工看到地产企业的实力，对未来的工作充满信心，还可以通过网络视频和口碑相传，引起社会更多的关注。

此外，很多大型地产企业各地都有分支机构，员工彼此间不太熟悉，通过年会节目彩排，可以增强员工间乃至部门间的沟通，更有利于团队建设。

年会方案如下：

1. 拓展年会

地产企业进入拓展基地并简单分组后，首先利用半天或一天时间进行公司年会，具体年会组织情况可以由公司自己进行或与拓展公司沟通后由对方主持进行。年会结束后开展户外体验式拓展培训项目，具体项目安排可根据公司团队情况和培训目的设计。晚上由拓展公司策划并主持庆功宴，同时根据团队特点穿插一定的拓展游戏，在轻松愉快的氛围中，放松心情，熔炼团队。

2. 增效年会

地产公司在做培训前把年会详细计划发给拓展团队，拓展团队根据年会的不同主题设计不同的项目，在发言人发言结束后，根据主题穿插特定的培训项目，达到培训与年会同步的目的，增加年会效果。

第四章
彻底说服：地产导师如何做公众演说

第四章 彻底说服：地产导师如何做公众演说

第一节　地产演讲凤头开场四大手法

一段精彩的开场白通常可以发挥三种作用：第一，吸引听众的注意力，激发听众的好奇心；第二，概述地产导师演讲的主要内容；第三，向听众阐明听你演讲的必要性。公众演讲的时候，要想开好头，可以使用下面一些方法：

1. 幽默的开场白

1965年11月，美国人安娜·路易斯·斯特朗女士在中国上海庆祝她的80寿辰。周恩来总理在上海展览馆大厅为她举行了盛大的祝寿宴会，并发表了祝贺演说，他是这样开场的：

今天，我们为我们的好朋友，美国女作家安娜·路易斯·斯特朗女士，庆祝"40公岁"诞辰。参加宴会的祝寿者为"40公岁"这个新名词感到纳闷不解，在中国，"公"字是紧跟它的量词的两倍，比如：40公斤等于80斤，40公岁就等于80岁。

周恩来总理灵活的用语，巧妙的解释，在几百位祝寿者中激起了一阵欢笑，而寿星斯特朗女士也激动得流下眼泪。

为了营造开心的气氛，地产导师也可以采用幽默或诙谐的语言及事例作开场白，让听众在地产导师的幽默启发下集中精力进入角色，接受演讲。

当然，使用的幽默语言必须是高雅的，不能用低级的笑话或粗俗的语言来表达。

下面这段文字就异常不妥：

今天，我给大家吹吹形势问题。形势怎么样？那是秃子头上的虱子——明摆着的事情，哪个瞎了狗眼的敢说不好？可是，有些家伙就说不好。他成天屁事不想干，只想吃个蛇啊、鱼啊、王八一类的东西；抽烟抽的是带屁股的，还要什么"三个五"呀（三五牌）、"万个宝"（万宝路牌）呀；喝茶是龙井、虎井的，那狗井、猫井就不能喝呀？还成天骂娘，你真是端着碗吃肉、放下筷子骂娘的没有良心的家伙。

这段演讲，主旨没错，也引起了听众的极大兴趣和阵阵哄笑。但这种笑是对粗俗的嘲笑，只能让听众撇嘴，只会在演讲中起相反的效果，既损害了演讲的主题，又贬低了地产导师自己的形象。

2. 悬念型开场白

有一则笑话就是这样的类型：

老先生："人从哪里老起？"

听众甲："大脑。"

听众乙："大腿。"

听众丙："肚皮。"

老先生："我看有的人从屁股老起。"（全场哄堂大笑）"某些领导不深入实际，整天泡在'会海'里，坐而论道，屁股受苦了，既要负担上身的重压，又要与板凳摩擦，够劳累的了。如此一来，岂不是屁股先老么？"

笑话中，老先生的演说目的是要抨击官僚主义。首先他利用提问的方式制造了一个悬念给听众，调动了绝大多数听众的积极性，紧接着他又做出一个意料之外的解答，制造了"第二悬念"，从而控制了听众的思想和情绪。

普通演讲需要设置悬念，地产导师的演讲也不例外，因为它能使听众产生极大的好奇心，并能在这个悬念的"指引"下很快进入"设下的圈套"。

此外，悬念还可以让听众在笑过之后进行深思。

一位日本教授给学员扬了扬手里的石头："请同学们注意看看，这是一块非常珍贵的石头，在整个日本，只有我才有这么一块。"学员听了后，在下面议论纷纷。这时，教授才说出了其珍贵的原因：这块石头来自于终年积雪的南极，是他从那儿探险带回来的。引出主题后，学员兴趣大增，之后他便真正开始了关于南极探险的演讲。

公众演讲中，运用悬念型开场白要注意两方面的问题：一是不能用听众全都熟悉的普通浅显的问题来设置悬念；二是在演讲中设置的悬念要及时解开，否则听众会对演讲产生强烈的反感情绪。

3. 闲聊型开场白

为了打破紧张气氛，公众演讲中，可以先与听众以对话的口吻谈一些与主题无关的话题，然后逐步导入演讲。这种开场白往往被知名人士、权威人士使用，比如高尔基在前苏联作家的一次代表大会上发言说道：

"朋友们，我觉得，这里提到高尔基的名字，常常加上一些形容词，如伟大的、高大的、长长的等"。

大作家高尔基这段演讲开场白使自己显得平易近人，大大增进了与听众的感情。

4.趣闻型开场白

怎样以趣闻开场呢？讲一段趣闻以引起听众兴趣再好不过：一件往事，一首诗、一个人的某段经历都是小小的趣闻，都可以很快地吸引住听众。但要注意，演讲之初所讲的趣闻，一定要与演讲内容存在着联系。

在1984年的洛杉矶奥运会上，中国运动健儿夺得了15枚金牌、8枚银牌、9枚铜牌的好成绩。此后，有位有识之士觉得体育界许多经验可以用到其他行业中来，于是发表了《看了金牌之后》为题的演讲，他是这样开场的：

有一段相声说，在李莲英大总管大红大紫的年月，中国曾派过体育代表团参加奥运会。这位只会喊"喳"的小李子不懂什么是国歌，于是以《贵妃醉酒》来代替，选了飞檐走壁的大侠去跳高，选了皇宫里传旨的小太监参加短跑，找了北京天桥几个变戏法的去和洋人比赛，结果把篮球变来变去，不见传球，只见入网。从那以后，打篮球都只穿背心和裤衩，就是因为吃了李莲英的苦，才做出这一国际性规定。

这段相声让听众捧腹不已，然而也包含一定的解嘲的味儿。其实，中国人首次参加奥运会是50多年前，运动员只有1名，"硕果"是一个鸭蛋。然而，50多年后，依然在被称作天使之城的洛杉矶，中国运动健儿却夺得了15枚金牌、8枚银牌、9枚铜牌，名列金牌总数第四位。

演讲者利用一段富有戏剧性的小故事开头，把自己的演讲引入正文，匠心独具。这里的开场白以"相声"为中心，在风趣、幽默的气氛中渐渐进入正题。与板起面孔的演讲比较，它不仅使听众感到亲切，还能启发人们联想，活跃思维。

第二节 讲好自己的故事，让听众信任你

莫言在获得诺贝尔奖后，在瑞典文学院发表了一篇文学演讲。他在面对听众时一口气讲了几个故事，有关他自己的，也有关于别人的。莫言是个会讲故事的人，同时也是一个敢于讲故事的人。

一个没有故事讲的人是悲哀的，一个有故事却不会讲的人是可悲的。莫言以一个小说家的视角而不是思想家发表了这篇演讲，关于他母亲的形象特点，都在一个个故事中体现得淋漓尽致，许多他所熟知的人物也在这些故事中被描绘出来。

当我们看这篇演讲时，想必一定会被吸引进去，因为他讲的不是呆板、固定的演讲稿，而是一个个关于他的真实故事。

华为公司总裁任正非就是一个敢于讲故事的人。他是贵州都匀游子，行伍出身，却成为举世瞩目的企业家。在达沃斯全球关注的高端论坛上，任正非讲了三个故事：一个是下车看路、上车指路的故事，一个是芭蕾舞女孩两只脚的故事，一个是华为公司为分钱苦恼的故事。三个故事，都耐人寻味，向世人展示了中国企业家的眼光、智慧、气度、精神，也亮出了中国经济发展的风向标。三个故事，都以小见大，讲的是任正非自己的故事，讲的是华为的故事，却是最精彩的中国故事。

做感性的人、做优秀的地产导师，就要会讲故事。

1. 讲故事的五要素

要想将故事讲好，就要明确五个要素：何时、何地、何人、何事、何故。每个故事都应该包括这五项内容，才算表达清楚。其中，何时的表述要开门见山，警示性地引起听众的注意；何地的表述要尽快进入场景，这样才会突出你想表达的主题；何人的表述要有名有姓，有名有姓才显得真实，也方便听众清理思路；何事的表述应注意具体化，描述细节化；何故的表述相对不太重要，是对听众的一个心理释放。

2. 细节永远最美丽

讲故事，最重要的是对何事的讲解，换句话说也就是重现场景。重现场景的一个技巧就是表达具体化，描述细节化，使听众以一个一致性的画面进入情节，限制听众的随意思考。让听众思考，听众的反映就不一致了，也就意味着心理互动的失败，自然无法取得理想的演讲效果。

3. 引用概念要准确

可能是甲可能是乙，好像是1987年……这样的句子，模棱两可，会将听众的部分注意力转走；还会降低故事的真实性，降低说服力。相比之下，直接确定为甲，或者直接说1987年，故事则显得更加有说服力。

4. 使用描述性语言

在描述故事的天气时，说"那天因为天气很热，所以我穿的少"就不如"那天天气太热，我只穿了个短裤"，说"因为台子有8米高，所以我站在上面发抖"就不如"我站在8米高的台子上，双腿发抖"……如此，不仅不会使人的思维走岔路，用不同的思维方式来表述一个内容，必然会影响到内容的表达能力。

5. 讲故事不能谦虚

"我记的不太清了，可能讲的不够生动……"这类话多半会打击听众的信心，认为从你的讲话中学不到什么东西，而且，你都不自信，如何让听众相信？合理的做法是，直击时间，勾起听众的注意力，人们的心理往往被后期的期待所吸引。

6. 注意故事的第一句

如果第一句话较有力，首先就会吸引听众的吸引力，下面的故事陈述也会流畅很多，所以在公众演说前，要吸气稳定一下自己的心神，然后再开始，不要慌慌张张开始。

同时，要快速进入场地，快速抓住主题，迅速将自己的观点传达给对方。话语啰嗦，讲半天话还在兜圈子，只能引起听众的厌烦，大量的圈外活动会让听众的心理期待数次落空，也就无法取得理想的演说效果了。

7. 不要使用抽象语言

在讲一个事情或心理效果时，尽量用事实来侧面反衬，才能给听众留下生动、形象、记忆深刻的印象，比如：为了表示"害怕"，说"事后发现衣服湿透了"，则更加逼真。不要使用抽象化的语言，如果想陈述自己的业绩，说自己很优秀，是个笼统的概念，应该说"每月的业绩不是第一就是第二。"这种效果，对听众的效果是截然不同的。

第三节 多一些幽默,就多一些好印象

幽默是智慧、爱心与灵感的结晶,是一个人良好素质和修养的表现。美国作家马克·吐温就很擅长幽默。

一次,一位百万富翁在他面前炫耀自己刚装的一只假眼:"你猜得着吗,我哪只眼睛是假的?"

马克·吐温准确地指着他的左眼说:"这只是假的。"

百万富翁非常惊讶地问:"你是怎么知道的,根据是什么?"

马克·吐温说:"因为我看到,只有这只眼睛还有一点点仁慈。"

对成功的演讲来说,幽默的效能是多向的。

幽默,有助于引起注意。一次两三个小时的演讲,要让听众始终能饶有兴味地听下去,确很不易。幽默所引发的笑,对于昏倦、疲乏的听众来说,无异于醒脑提神的兴奋剂,消除困乏有奇效。恽代英某次登台演讲前,发现台下听众睡意渐浓,于是他走上台,"哈,哈,哈"接连大笑三声,人们精神一振,场上气氛立刻活跃起来。

幽默,使得听众喜欢主讲人。现代社会,擅长幽默表明了高贵、文明、洒脱和富有风度,因而极易赢得好感,获得听众的喜爱。而听众从感情上喜欢主讲人了,他所讲述的内容也就容易灌入人脑海,留下痕迹了。

第四章 彻底说服：地产导师如何做公众演说

一位著名专栏作家一次在"森林防火人俱乐部"做演讲，听众来自不同职业层次。他说："人家告诉我，在我这个年龄居然还保持着这等好身材，真不简单。我把这功劳全归于妻子爱丽丝。二十五年前我们结婚的时候，我告诉她：'亲爱的，我们永远也不要吵架。每当你让我心烦的时候，我都不会跟你吵。我只会到附近去走走。'"

"因此你们现在看到的这副美妙身材，完全是四分之一世纪以来每天做户外运动的结果。"

这位聪明的休斯敦人以无忌的谑语与自己的听众建立起了亲密无隙的关系。

1. 即兴演讲的幽默

"即兴"在词典上的解释是说，不假思索或随兴而起的说话或举动。其实，许多即兴之言，都是经过计划和准备的结果。幽默力量，并不像表面上看来那样全凭一时偶发的灵感。要在即兴演讲中表现幽默，最好事先收集一些"即席"的笑话或趣闻、妙语，在演讲中灵活运用，使你的演讲更为生动、有特色、合时宜。

2. 控制听众的幽默

当地产导师以幽默力量来帮助演讲开头时，就能成功吸引听众的注意，活跃气氛，松弛紧张，并跟听众建立起一种友好的关系。一旦进入了演讲主题，还要继续先前的努力。

人的注意广度很短暂，尤其当地产导师以单调低沉的语调、在某一个主题上平淡而谈时，听众更容易感到乏味，而分散注意力。这时，就要再次抓住听众的注意，可以采用的方式有：改变一下话题、改变讲话的方式、以一则笑话或一句妙语给予听众幽默力量。当然，使用的幽默要跟当时的话题有关，使它成为你的信息的一部分。

3. 演讲艺术的幽默

为了提高演讲效果，就要用热切的语调、真实的细节和充满戏剧性的情节引出你的幽默力量，在关键的那句话说出之前，不妨制造一些悬疑。

地产导师不能迫不及待地把妙语趣事说出来。因为笑话要发挥出趣味的效果，一定要让听众有出乎意料的感觉。因此，要好好讲你的笑话、妙语或警句，不要操之过急，不能过早地泄漏天机。

当地产导师以讲话来说笑话时，对重要的、关键的字眼要加重语气，强化笑话效果；在重要的语句说完之后，要停顿一下，以加深别人对它的印象。

地产导师演讲的时候，要如行家一样把幽默力量运用自如，把幽默力量真实而自然地表现出来，将幽默力量表达为演讲的重要部分。

4. 自我介绍的幽默

面对第一次见面的听众时，地产导师在演讲前要进行一番自我介绍。而幽默地介绍自己，利用自己的幽默感，可以打破沉闷的局面，迅速吸引听众，集中听众的注意力，为演讲的顺利进行做好铺垫。

一个能打动听众的地产导师，可以使用许多加强幽默的方法，比如：面部表情、夸张的语句和手势，以及恰当的停顿，即使你不是个天生的喜剧家，也幽默地介绍一下自己。以下是加强幽默的八点建议：

（1）笑话要短，太长了，会破坏其幽默。

（2）说笑话时，看着听众的眼睛。每看着一位听众，略微停留一会儿，扫视全场。

（3）说的要慢，要清楚。确保听众都能听懂你笑话的每一个字——特别是妙言之处。

（4）开心一些，微笑，显出高兴的样子，你的情绪会感染听众，更容易获得笑声。

（5）留给听众足够的时间欣赏笑话。匆忙打断笑话，效果就会打折扣。

（6）如果笑话里有很多不必要的细节，听众会失去兴趣，只要把握好人物、时间和出彩的东西即可。

（7）永远不要说"我不是块戏剧演员的料"或"我笑话说得不好，但我会尽力而为"之类的话，否则会在你开始说之前就毁了你的幽默。

（8）不要乱夸口。如果你答应给听众一个月亮，他们就会期望一个月亮，不要说"这将是你们听到的最好笑的笑话"或"让我们来听听这个笑话"之类的话，不要保证幽默，说就可以了。

第四节　以情动人，以情感人

人是有感情的动物，感情在认知活动中有着巨大的作用，可以敞开理性的大门。在演讲过程中，听众的注意力、理解和记忆选择性，在很大程度上都是由感情因素决定的。一次公众演讲，无论内容如何丰富，语言怎样准确、清楚、简洁、明了，如果缺乏情感，就无法打动听众，因此必须在演讲中注入自己的感情，达到以情动人的效果。

地产导师充沛的感情可以通过他的肢体动作、面部表情、语调高低、口气轻重、语速快慢等表现出来，但最重要的还是要以语言为载体传达出来。情感的表达既要靠语意，也要靠语音。因此，在遣词用语的时候，要字斟句酌，选用适合表现思想内容、蕴含着炽烈情感的语言，并以这些带有强烈感情色彩的语言来叩动听众的心扉，引起共鸣。

1. 从演讲内容入手

要想提高演讲的情感作用，首先就要从演讲内容入手：

（1）演讲内容要真实生动

演讲内容真实生动，是有感情演讲的基础。

一份连地产导师自己都半信半疑的演讲内容，也就无法真实地饱含感情地呈现在听众面前。再者，有虚假成分、有水分的演讲内容也容易引起听众的质疑。

一份本身就生动的演讲内容，会让地产导师演讲起来更容易讲出感情。虽然说，一份与上面所说正好相反的演讲稿也能有感情地演讲出来，一份虚假、不生动的演讲稿也能讲出真情实感，但是这些也只有超级演说家才能办到，大多数人达不到这个境界、这个水准。

（2）让自己融入演讲内容

在理解、感受演讲内容的同时，还要让自己融入其中。就像演员一样，首先读懂剧本，然后入戏，最后不知自己是在戏里还是戏外，如此才能达到好的境界。

2. 演讲需用普通话

普通话是中华民族的通用语言，地产导师要想使自己的演讲声情并茂，首先要打破语言障碍。所以，只有用普通话语音朗诵，才能更好地更准确地表达思想内容。演讲之前，要咬准字音，掌握语流音变等普通话知识。

3. 学会演讲的基本表达手段

演讲时，要学会用常用的朗诵基本表达手段。常用的基本表达手段有：停顿、重音等。

（1）停顿。是演讲中奇妙的"休止符"，恰当的停顿会达到此时无声胜有声的效果。停顿，一方面是由于地产导师在演讲时生理上的需要；另一方面是句子结构上的需要；再一方面是为了充分表达思想感情的需要；同时，还可以给听者留下领略和思考、理解和接受的余地，帮助听者理解演讲中心，加深印象。

（2）重音。有语法重音和强调重音两种。所谓语法重音是指，在不表示什么特殊的思想和感情的情况下，根据语法结构的特点，把句子的某些部分重读；强调重音是指，为了表示某种特殊的感情和强调某种特殊意义而将某些发音故意说得重一些，引起听众注意自己所要强调的某个部分。具体在什么地方该用强调重音，并没有固定的规律，要受到演讲环境、内容和感情的影响。同一句话，强调重音不同，表达的意思也往往不同。

第五节　让听众从你这里受益

有一年，曹操带领部队去讨伐张绣。没想到，天气太热，部队走了很长时间，就是找不到水源。

军士们已经没有唾沫可咽，眼看嗓子就要冒烟了，如此行军，一旦遇上敌军，还没打就蔫了。

曹操看到这个情景，站到一块大青石上，高声讲道："弟兄们，前面有一大片梅树林，结满了梅子，又甜又酸，可以解渴。"那时候，没有麦克风，队伍拉得长，将领的命令要靠军士们口耳相传。

一说起梅子，将士们都咕咚咽口水。大家抖擞精神，加快行军速度，终于找到了水源。

这便是演讲史上一个著名桥段，名叫"望梅止渴"。有人认为，曹操有欺诈军士之嫌，说谎都不打草稿，实不可取。也有人认为，曹操演讲的目的是鼓励将士的斗志，尽管他所说的杨梅林未能验证，但的确起到了"解渴"的效果。

演讲家李燕杰曾做客"新浪网大讲堂"，谈到演讲的主题时，称"没有智慧的演讲等于零"，评价演讲的标准应该是"能否引发听众思考"。由此可见，评判演讲好与否的标准就是，在演讲主题正确的前提下，能为听众"解渴"、对听众"有用"的演讲就是成功的演讲。具体说来，也就是说，能回答听众心中的疑问——"我为什么要听你演讲"，并能引发听众思考，能给听众带来益处和正能量。

　　曹操的演讲解决了听众的"干渴"之急，应该算是一篇好演讲。

　　因此，我们可以将"解渴""有用"当作评判演讲好与否的标准。要想取得演讲的成功，就要从听众出发，处处为听众考虑，变说教者为分享者。当你能轻松地达到这一点时，也会具有演讲家的范儿。

第四章　彻底说服：地产导师如何做公众演说

第六节　主动与听众互动答疑

地产导师在演讲时，如果能让听众参与其中，同自己形成台上、台下互动，上下呼应的局面，演讲的效果必定不错。那么，该如何在演讲中让听众与自己的演讲互动起来呢？下面，就为大家介绍方式：

1. 抛出话题，引发议论

俗话说"只要诱饵合适，最难上钩的鱼也会上钩"。当地产导师在论述新任部门经理如何管理团队的话题时，可以事先抛出一个让人困惑的话题，用"部门经理可不可以与学员交朋友呢？"这个话题引发大家思考部门经理的角色定位；当大家在争论中相持不下时，可以引出部门经理与学员相处时，如何处理私人情感与工作关系的原则和注意事项等话题，效果会很好。

2. 倾听回答，不要打断

在与听众互动过程中，沉默寡言的听众一旦说话，就不要轻易打断。如果听众不善于语言表达，他的内心很紧张，希望快点结束问答，地产导师却用打断类似的行为出现，听众就会停止发言而用"是"或者"不是"来回答地产导师的提问，减弱互动氛围。

正确的做法是，当听众在表达观点期间，要利用积极反馈的方法对待听众；当听众在断断续续地回答时，要用肢体语言进行鼓励和认可，如赞许式点头、赞扬式微笑，注视对方的眼睛，展示认真有兴趣的表情等。当听众完整地表达结束后，要对回答的细节进行认可和表扬，如"你的回答很有趣、很有价值，即使你不是专家，我还是很希望能听到你的观点"。积极的反馈可以很好地鼓舞听众参与互动。

3. 用动作手势，吸引注意

有位地产导师演讲到中途时，台下噪声四起，特别是女性还交头接耳窃窃私语，地产导师眉头一皱，计上心来。立即停止演讲，高翘起左手大拇指说："在场的男士们，就像大拇指——好样的。"男士们听了齐声叫"好"；他又伸出小拇指大声说："在场的女士们，就像小拇指——"女士们沸腾了，高声抗议。

地产导师接着说："女士们像小拇指：小巧，伶俐，苗条，秀美，聪慧。"女士们听了，转怒为喜，报以热烈的掌声。他又举起大拇指说："男士们像大拇指：健壮有力，坚定稳重。一夫当关，万夫莫开。"男士们又欢呼雀跃了。

地产导师同时伸出大、小拇指说："大拇指和小拇指，都是好样的。"又伸出五根指头说："中间的指头，像老人和孩子居于中心位置，成为保护对象。正是这五根指头团结一致，协调配合，力量无穷，才创造了整个世界。"

大家都热烈鼓掌了。他又高翘起大、小拇指问："有哪位女士愿意做大拇指，哪位男士想当小拇指吗？"台下鸦雀无声。地产导师又开始滔滔不绝的演讲。

在听众注意力分散时，这位地产导师随机应变，临场发挥，巧妙地运

第四章 彻底说服：地产导师如何做公众演说

用手势和动作来制造悬念，激起了听众的喜怒情绪，然后又急转直下，分别做出有利于男女听众的解说，使大家都转怒为喜，皆大欢喜。

地产导师是调动听众情绪的演讲高手，更是驾驭演讲场面的高手。当然，激发听众情绪性的互动，也要注意分寸。地产导师和听众互动的方法有很多，只要善于开动脑筋，就可以相处无穷多的互动方式。关键是，要以新颖巧妙的方式引发听众乐意与你互动，并且能见好就收，引入正题，达到预定的演讲效果。

4. 先讲故事，提出问题

有位地产导师一上场，就给听众讲故事：

《圣经》中有个小故事，一位富商打算出去远游，临行前将自己的三个仆人叫到跟前，给了他们同样数量的钱，由他们任随支配，一年后归还。

富商走后，仆人甲用这笔钱做生意，结果血本无归；仆人乙也做生意，结果赚了数倍的钱；仆人丙把钱珍藏起来。一年后主人回来，给仆人甲补足了同量的钱，嘱咐他以后经商精明些；对仆人乙大加赞赏，奖励给他更多的钱去扩大生意；叱骂仆人丙懒惰后，立即收回了本钱。

故事讲完之后，地产导师询问听众："主人这样做公平吗？"台下听众议论纷纷讨论热烈，有人说"公平"，有人说"不公平"。地产导师并不立即表态，又说："我先不评论主人是否公平，最后来下结论。如果我的观点不当，欢迎唱反调；哪句话不当，可以和我唱对台戏。"

大家齐声说"好"，他趁机亮出论题《公平竞争，优胜劣汰》，紧接着侃侃而谈，还在演讲中途提问让听众答"是"或者"不是"，台上台下，遥相呼应，大家听得非常认真。到演讲结束时，他才肯定故事主人作法的高明之处。演讲结束，掌声雷动。

这位地产导师的高明之处有四点：一是以故事开场，自然能激发听众的兴趣，将注意力集中到演讲内容上；二是故事讲完又提问题，让听众讨论，引起听众参与的兴趣；三是欢迎听众唱反调，有意让听众唱对台戏，更激活了听众的思想；四是随时上问下答，遥相呼应，引起呼应式互动。

演讲结束时，经过这一番互动，不但让听众认真听完了他的演讲，还接受了他的观点。

第四章　彻底说服：地产导师如何做公众演说

第七节　用真实的数据为自己佐证

公众演讲，是在众人面前就某一问题发表自己的见解的口头语言活动。

生活在数据年代，我们每天都被庞大的数据轰炸。现代社会的复杂性，导致很多人只相信数字支持的思想观点。事例可以使问题变得鲜活，赋予其人性化，但听众难免会质疑到底有多少人受这一问题影响。这种情况下，就要求助于数据。研究表明，有数据支持的事例，说服力明显增强，更具有典型性。

数据，如简洁的实例一样，经常被用于阐明或支持地产导师的某个观点。可以结合运用数据与事例，显示某一问题的重要性和严重性。当然，数据会起到辅助作用，但最让观众感到乏味的演讲莫过于从头至尾充斥着大量的数据。要想有效地发挥数据的价值，就应该谨慎运用。

1. 不能滥用统计数据

统计数据固然对演讲有帮助，但是如果一篇演讲从头到尾堆满了统计数据，听众也很容易昏昏欲睡。只有需要的时候才插进一些统计数据，然后确保这些数字容易为听众所理解，才能真正发挥统计数据以一当十的作用。与其将听众淹没在统计数字的大海里，倒不如仅用其中几个重要的数据更管用。

2. 明确统计数据的来源

数字是很容易被人操纵的，正是这个原因，细心的听众才会对演讲人的统计数字来源处处留心。为了提高说服力，就要将数据的来源表述清楚。

3. 解释统计数字的意义

统计数字本身并不会说话，要对它们加以阐释，就要用通俗易懂的语言说给听众听。

4. 简化复杂的统计数字

珠穆朗玛峰的海拔高度是 8 848.13 米，圆周率约是 3.141 592 6，故宫有房屋 9999 间……这些都是有趣的数字，但是听众听起来还是太复杂。除非遇到特殊情况，否则就要将这些数字约整。可以说，珠穆朗玛峰的海拔高度是 8 848 米，圆周率约是 3.14，故宫有房屋大概 1 万间。

5. 充分利用视听教具

视听教具可以为地产导师节省很多时间，也可以让统计数字更容易被理解。比如，谈到 2003—2005 年长三角与珠三角地区城镇居民家庭人均可支配收入时，有个地产导师说，2003 年长三角人均可支配收入是 12 087 元/人，珠三角是 16 033 元/人；2004 年长三角人均可支配收入是 13 795 元/人，珠三角是 16 681 元/人；2005 年长三角人均可支配收入是 15 607 元/人，珠三角是 17 477 元/人……这些统计数字都非常有趣，可以围绕这些数字进行有趣的演讲。但是，如果用语言把这些数字串在一起，听众听起来就有些吃力；但同样的意思，用一个简单的图表来表示，就会清晰得多。

第四章 彻底说服：地产导师如何做公众演说

第八节 演讲中如何处理难缠的听众

在演讲过程中，不必担心每个提问者都会别出心裁地为难你，偏执狂毕竟是少数。但偶尔也会突然冒出一个名副其实的刁钻问题令你措不及防，甚至会在很长一段时间内给自己留下困扰。面对这些，有个很好的解决方法：保持君子风度。礼貌总是对付麻烦的良药，听众更喜欢举止大方、言语谦和的地产导师，他们会自动对那个给你制造麻烦的人产生反感，与你站在一起。为了应对难缠的听众，地产导师该如何做？

1. 为何你会觉得别人的问题刁钻？

之所以总是觉得听众的问题刁钻，主要原因有：

（1）所提的问题，你不知道。比如，听众提问专业领域之外的问题，但你却不知道，只能惭愧作罢。

（2）所提问题与演讲主题或其他听众无关。提问者仅仅是凭借个人兴趣提问。例如，在演讲中提到你在美国生活了2年。结果他追着你问：地产导师，我要怎么才能移民去美国。

（3）所提问题与演讲主题或其他听众有关，但问题太过宽泛。

2. 听众为何会发出刁难？

为何会出现这些刁难问题呢？在总结了以下几点？确实想得到问题的

答案；试探地产导师的水平；想出风头、吸引地产导师或者是别人注意，展示自己的才华。

3. 四招解决听众的发难

要想解决听众的发难，可以使用下面四种方法：

（1）棉花肚法

"这位听众看来对这个话题做过深入研究，问题问得很好。但是我们本次演讲时间很紧凑了，我已经把你的问题写在黑板上了，一会儿休息的时候，我们互相交流一下。"

如果你懂这个问题，休息时间可以交流。如果不懂这个刁难的问题，不妨给自己一个私密的空间，赶紧百度一下问题答案。

（2）斗转星移法

何为斗转星移法？比如："回答需要勇气、勇气需要鼓励，这个伙伴是第一个发言的，我们掌声鼓励一下。他的问题也问得很好，我们正好有3分钟时间，可以讨论一下。我相信，你一定非常关心和了解这方面的知识，针对这个问题，你自己是不是有一些独到的见解呢？能否先给大家分享一下？"

为了减少他的"不悦"，完全可以说："来，掌声再次鼓励一下这位伙伴。"

（3）转移法

"这位听众问题问得很独到，很有水平。刚好我们还有3分钟的时间，可以讨论一下。在我回答这个问题之前，我想先听听其他朋友宝贵的想法。我们有想主动分享的朋友吗？"

如果没有听众愿意主动分享，你可以尝试邀请一些听众来分享：**邀请**

谁来分享，我有两个小心得：在你邀请 TA 的时候，TA 不躲避你的眼神。说明他有信心，也有发言的冲动；尽量邀请在你演讲过程中，频频和你点头、有眼神互动的伙伴，这样可以有效避免再度的冷场。

（4）联系方式法

如果还是有人意犹未尽，一直想和你交流，可以说：时间有限，这个话题确实很有意义，这个是我的微信号，希望能有进一步交流的机会。

4. 需要谨记的三大原则

当演讲中遇到猝不及防的发难时，还可以有很多的解决办法。但是不论采取何种，都要时刻记住这三个原则：

（1）不让别人难堪，给对方以尊重

演讲的时候，要尝试着去赞美他，哪怕那一刻你的内心是慌乱的。如此，不仅能体现出你的君子气质，还能为你赢得更多思考的时间。用智慧与宽容转化痛苦，你也会欣慰自己的成长。

（2）保持平静，不要让自己难堪

遭遇听众的发难，千万不要因为惊慌失措导致发怒。一旦堕入愤怒的陷阱，你威猛有力的羽翼就会寸步难行。在演讲前，多做练习，用平常的心态来应对。

（3）设定时间，不要让演讲失去控制

时间是有效的保障，所以一旦你遇到了棘手的问题，不妨在听完以后，设定一个回答时间，例如："我们用 3 分钟的时间，来共同探讨一下这个话题。"如此，就可以将问题抛给听众，让大家一起来回答。

此外，如果预感到现场来者不善者众多，可以给他们设置一个障碍：

让发问者说出自己的姓名、公司等，减少问题的数量。通常，人们都不会冒泄漏个人信息的风险。此方法适用于不太熟悉的群体中。

最后要说的是，人无笑脸莫开店、胸无度量莫为师。演讲中，难免会遇到各种突发的情况，遇到了就勇敢面对，别丢了应该的风度。就好像：如果你是天鹅蛋，就是生在养鸡场里也没有什么关系。

第五章

疯狂抢购：地产导师如何做路演会销

第五章　疯狂抢购：地产导师如何做路演会销

第一节　路演的重心点只有一个——听众

什么是真正的路演？真正的路演是有逻辑的价值体验。逻辑就是顺序，顺序就是事实。路演就是在告诉别人你做这件事的顺序：你首先要让投资人看到你是个可以成事的人，然后才是商业模式。路演的重心就是听众，用正确的方式向你的听众表述信息。

请你想象一下这样一幅画面：

你们一行人，正在去攀登喜马拉雅山的路上。刚要离开营地的时候，你们忽然听见轰隆一声巨响——发生雪崩了。这时，领队转身对你和你的同伴们说："这种情况你们可能不了解，但我做领队很多年了。上次喜马拉雅山雪崩的时候，我带的队伍是唯一一支所有人都能活下来的。听我说，咱们要想活着出去，现在必须要这么做……"

这个领队接下来的话，你会不会认真听呢？你肯定非常认真听。为什么呢？因为他说的话满足了听众的求生需求。

由此可见，了解听众的真正需求，是多么重要的事情。做路演的时候，如果地产导师能做到这一点，即使观点没多少新意甚至非常平庸，也会受到人们的欢迎；如果你做不到，再好的路演也有可能以失败告终。

地产导师

1. 满足听众的内在需求

其实，有很多路演都没能满足听众的真正需求。主要原因在于：地产导师自以为是地认为，他们知道听众需要什么，觉得只要将这些内容告诉听众就够了。

我从事过许多职业，时间最长的是地产导师。我刚做那份工作不久，就明白了一个道理：如果学员觉得，我讲的东西对他们来说没有意义，他们立刻就会不认真听课，即使貌似一本正经地坐在那里，脑子也会走神。我无法给他们列出一个"不喜欢的内容"清单——只能力求让我讲的东西，跟他们的兴趣点乃至切身利益息息相关。

比如，我让学员集体讨论一个问题的时候，就让他们像演电影剧本一样演出来。我跟他们说："你和组里的其他朋友一起商量一下，某周六的晚上做什么。你们会怎样决定呢？哪个人说的话影响力更大？怎样才能保证小组里的每个成员都有发言权？"学员都喜欢这种练习，而且他们都学会了我教给他们的东西。

一定要记住：路演中，千万不能期待听众和你一样心潮澎湃，必须不断地调动听众的情绪，要不断地满足听众的内在需求。不管你的话题多么有价值，哪怕是能够让人延年益寿，甚至能救人性命，单凭你一个人的热情是不够的，必须让听众热情起来。听众在潜意识里都会对你产生怀疑，你要做的，就是打消他们的疑虑。因为，即使是围绕一个话题，也不能什么都说，你需要说的，是听众希望听到的。

2. 找出吸引听众的"卖点"

每个人的心里都有一个秘密接收站，叫作 WIIFM，意为"这能给我带来什么利益？"一个出色的地产导师总能预料到这些，而且能据此锤炼自己的演讲词。他们总是在想："我能给这些听众带来什么特别的利益呢？"不是要告诉听众什么事实，必须卖给他们需要的利益。比如，购买螺丝钉，并不是为了得到这个螺丝钉，而是为了拿螺丝钉补墙上的那个洞。弄清楚事实和利益之间的联系，才能不断改进。

这里，可以设想这样一种情况：你去参加一个学术研讨会，没有遇到能为你带来灵感或者能与你的观点相互印证的培训师，却遇到了一位沙漠逃生专家。他讲的东西，你可能不会认真听。但如果是一位在沙漠迫降的飞行员，在"驴友大会"上发表演讲，这个话题同样和你无关，但你的态度可能就大不相同了。这就是语境的作用——听众究竟关心什么？找出听众真正关心的内容，路演也就成功了一半。

3. 让听众无法拒绝你

每个人做事，都有自己的原因，所以，要从听众的需求出发，去鼓励他们、激励他们。如果你路演的话题关乎他们的需求，他们肯定会感兴趣、会好好听你说。

在我参加的研讨会上，以及发表路演时，总能发现听众所面临的一两个具体问题。每到这时，我都会将自己的演讲主题定位在解决这些问题上，或者告诉大家如何解决这些问题。

假设你和中层管理者讨论，如何更有效地运营部门？你觉得他们的一个问题是需要激发员工的积极性，决定直接告诉他们怎样才能做到这一点。这样做的结果，跟公司对他们的要求有着密切关系。

不管是一个听众，还是一千个听众，都要以听众的需求为中心。要想取得路演的成功，就应以对方的需求为中心。和别人交流的时候，要设身处地地为对方着想，从对方的角度出发去考虑问题。

　　路演中，不妨尝试着换个角度去思考这个问题：作为一名地产导师，你在占用听众的时间；在你对他们说话的这段时间里，你要求他们全身心地投入你的演讲，认真思考你说的话。听众为你付出时间，你就要回报给他们等值的尊重，满足他们的需求。最后，所有的人都会受益，但受益最大的是你自己。因为你会在一场生动的、让人信服的、让人难忘的路演中取得成功。

第二节　路演信息传递的重要环节

怎样的路演才能吸引投资人，如何才能将信息传递给投资人？方法如下：

1. 个人

投资人最看中的是你这个人。

整个融资演讲的过程，就是要说服投资人的过程，这时候地产导师就是即将投资的创业者，会帮助他们赚到更多的回报。如何做到这一点呢？总不能上去就跟人家说："大家好，我是个很棒很优秀的人，给我投资。"路演的过程，只有短短的几十分钟，人的注意力大概会集中 18 分钟，然后集中力就开始下降了。所以，在 18 分钟，或者 10 分钟，甚至 5 分钟之内，必须要传达许多特质去说服对方。

2. 诚实

这是非常重要的一点，通常听众更愿意接受诚实的人传递出来的信息，而不是一个让他怀疑到你的动机或者有小动作的人。想想看，你会和不诚实的人合作吗？所以最重要的是诚实。

3. 激情

路演，就是要抛弃其他东西，开始一个新的世界，而且把自己的心血倾注到这个新世界中。所以，一定要将激情传递给听众。如果你对自己的公司或项目都没有激情，其他人怎么会对它有激情？

4. 经验

要告诉听众："我之前干过这个，做出了什么成绩，有哪些经历。"这代表了你曾经试过创业，创造价值，并且从头坚持到尾。比如：我之前在百度工作过，负责的项目是XXX，半年做到了产品用户XX亿。如此，对方就会对你感兴趣。

5. 市场

要想吸引投资方，就要了解市场，了解自己的领域，要具备运营一家公司的能力。这些能力包括：技术能力、专业知识。如果是科技公司，你还要懂市场营销、管理等。但是，并不是所有的地产导师都具备所有的能力，只有很少的人会有，所以团队显得尤其重要。

6. 领导力

要能说服投资者，你或者你的团队拥有经营好一个公司的能力。你要有感染力，还要有自己的管理方式，或者是人格魅力；要能让人们追随你的领导、鼓舞、激励他们成为你团队的一部分。

7. 坚持

你能从开始坚持到最后吗？要向听众传递一个概念：我能坚持到最后一口气。你会让他的钱周转起来，会用他们的钱去挣更多的钱。任何投资方都不会给一碰到危机就逃跑的人投资。任何公司的发展都不是一帆风顺的，投资方想要知道你会承诺坚持到最后。

8. 视野

当然，你还要必须有视野，要能看到你公司前面的方向。投资方不想看到一个"我也是其他谁谁家一样"的产品。投资方要找的人,是可以改变世界的人。当然,这要建立在现实的基础上。在你改变世界之前,总会有各种难题,而要想解决这些难题,就要设定理性的计划。

9. 聆听

最后,当你向听众路演的时候,不仅是因为他的钱,还因为他本人能听取别人的指导。听众一般都有着丰富的经验,要让他们知道,你想听、想学这些经验。不要总是对自己的项目夸夸其谈,要多听他人的意见和建议。

第三节 征服听众的杀手锏

随着时代的发展，路演宣传越来越趋于主流，形式也是日趋多样性。脱离了以前单纯的售卖和舞台表演，媒体发布会、产品发布会、产品展示、产品试用等形势越来越丰富，路演也就成了最常见、最具有宣传效果的活动方式之一。其特点就在于，效果大、费用低。

路演活动，为了吸引听众的注意力，为了征服听众，就要抓住以下几点：

1. 征服听众要诀

如果想征服听众，就要重视下面几方面：

（1）环境适宜

路演活动首先要选择适合这次路演的环境，面积、人流量、设备、水电等。从时间上来看，地产导师在做活动之前要了解学员的生活规律，比如：中午和傍晚一般在学校食堂，周末会去比较大的广场和娱乐场所等。

（2）做足宣传

一场活动的人气，许多都是靠着前期的宣传，即使你的路演活动再好，没有观众也是白费，而现场的人群是没法控制的，比如：突然遇到的暴雨、大风，这些情况都有可能导致现场及周边人群稀少，导致活动人气不足，而前期宣传的好处就在于通过一个漫长的过程让大部分听众都知道这次活动，而其中有对这场活动感兴趣的听众，他们就会成为忠实的粉丝，会特意去看。

（3）营造气氛

前期的宣传，是人群流量的重要保证，而活动现场的氛围则是重中之重，活动有吸引力才能真正保证人群数量。

①活动现场的布置必须有吸引力，要尽可能用气球、彩带、音响来提高现场气氛。

②活动现场的内容具有吸引力，一般的歌唱、舞蹈吸引力已经越来越小，出于猎奇的心态，大家更喜欢看一些比较少见的活动。

③活动进行中可以再做宣传，可以派人就近散发精美的DM单，吸引人们到活动现场；更好的办法则是，制作大型的产品气模，请人穿上在现场及周围四处游走，吸引人们的关注力。

（4）产品与活动结合

许多路演活动都犯了一个很大的错误，就是路演现场一味地吸引人，忽略了真正的目的——品牌宣传。路演之所以要吸引众多人群，其真正的目的就是让更多的人了解地产品牌和产品？那么究竟怎么能在这两点中找到平衡呢？首先，现场的布置与产品结合。现场布置要突出地产项目的风格，主背景板、展架、工装等都要印有地产品牌的图案。其次，活动内容要与地产项目有关。

2. 路演禁忌

路演是设计和投资的交集，当然在路演展示中，还要避免犯错：

（1）设计太简陋

路演设计非常简单，当然也是最容易被忽略的，但是想要有一个成功的路演，就要重视设计。相对于一个草率欠考虑的设计，设计完美的演示无疑更能吸引人注意，给人们留下深刻的印象。很多有前途的地产公司在路演上栽了跟头，究其原因就是因为没有重视路演设计。

（2）无视竞争对手

在路演的时候，很多地产导师都会犯一个通病，那就是声称自己没有任何竞争对手，这是非常错误的，也是最坏的幻想。任何一个值得追求的市场，都会存在竞争对手。即使在你眼里不认为他们是竞争对手，但他们也会存在，而且会为了从市场中分到一杯羹与你对抗。

（3）没有建立起自己的信用

无论是什么样的投资，到最后，投资人投的其实还是人。没错，市场规模，产品/市场契合度，以及商业模式等，这些的确都非常重要。但是在投资人眼里，一家公司最重要的要素就是，谁来运营它？而信用是需要靠时间来考验的，你需要让投资人相信自己是这个世界上创建并拓展这家公司的最佳人选。

（4）不重视故事的魅力

故事不仅容易让人理解，还会让人感到兴奋，并乐于与人分享。没有什么能比一个引人入胜的故事更加吸引观众的了。大多数地产导师都不了解一个现实，那就是路演其实就是讲故事。做路演的时候，需要准备一个以情节为驱动的故事，用主角（你的产品）、反派（你的竞争对手）、高潮（产品/市场契合度，首个大企业客户，等等）、结局（退出机制）去丰富故事。

（5）掌握不好幻灯片的使用

每个地产导师参加路演的时间都是非常有限的，而且投资人的注意力范围也很小。所以，必须把自己的路演内容编辑的简洁且有影响力。在做演示文稿时，人们的注意力通常是递减额，对于大多数地产导师来说，路演时候准备十张到十五张幻灯片足够。使用的幻灯片过多，很可能引发其他问题，比如，让人觉得混乱、没有重点等。

（6）融资需求不明确

许多本应该非常出色的路演，却会被最后一击给毁掉。为了解释公司的业务，地产导师可能已经做了大量工作，还勾勒出了对未来愿景的雄心壮志，但是对于投资人来说，他们更看重的是你接下来的几步是否足够清晰，而这恰恰也是很多地产导师在路演时没有做好准备的地方。

在路演结束时，可以提出一些明确的要求，比如，需要融资的金额；也可以向投资人寻求一些建议，或构建一些人脉关系等。还要告诉投资人自己的具体要求，这样投资人也会明确自己接下来需要跟踪做哪些事。

第四节　路演会销占领心智模式

"什么叫做生意"？有人这样论述的："把你的思想装进别人的脑袋，把别人的钱装进自己的口袋"，确实精辟！但我们最后发现，即使是真理，大多数情况下也很难装进别人的脑袋。因为人性是懒惰和简单的，接受一种新的思想往往需要想破脑袋，所以更愿意"感知"。在这个世界上，大多数生意都不是靠讲道理做成的。因为人类的决策模式永远都是情感先于理性。这一点，星巴克做得就比较不错——星巴克咖啡在中国卖的就是一种时尚的感觉。

1999年1月，星巴克在北京的国贸大厦开了第一家中国分店，此后经过短短的4年发展，星巴克在中国扩张的气势就一发不可收拾，它那绿色美人鱼标志渗入了大中城市的每个黄金地段。

也许在咖啡文明的国家里，星巴克代表着闲适和舒缓的生活。而对中国人来说，喝咖啡不仅是一种生活享受，更代表一种奢侈的消费时尚。

让喝咖啡变成一种时尚文化的生活体验，星巴克做得很到位，其不仅是一个荡漾着黑色咖啡浓香的地方，还是一个充满情调的地方，更是一个总是人满为患的地方，星巴克已成了装点中国都市白领生活门面的地方。

星巴克巧妙利用了小资的消费心理特征，在一个公共场所来展示自己

第五章 疯狂抢购：地产导师如何做路演会销

是新潮一族。这其实也是许多当代中国人的心理特征。星巴克为那些中国正在形成的、喜欢看与被看到的都市白领提供了一种全新的消费体验。

地产企业如果想通过路演来占领用户的心智，就要与其进行情感上的沟通。就像是谈恋爱，爱一个人永远没有懂一个人重要，读懂你的听众才是路演成功的王道。

品牌经济时代，所有的关注焦点都集中到了消费者身上。消费者成为市场中真正的上帝，然而上帝们的内心却难以揣度。在市场营销活动的实际执行过程中，市场现状与调研结果往往大相径庭。消费者表述的消费理念与实际消费行为背离，让企业精心制定的商品或服务的整体决策出现严重偏差。因此，洞察消费者内心真实的需求，才是企业制定、采取市场行动的基础和前提。路演，同样如此。

隐藏于消费者内心对品牌认知的三个层次为：

第一个层次，品牌是个符号

消费者最初接触到的是品牌形象，这种形象越有个性和特点越好。比如，消费者到麦当劳就餐时，无论店外或店内，只要是目光所及之处：点餐台、各种食品包装或员工制服、玩具上都清晰、醒目地印着黄色"M"符号。当消费者想到或谈及麦当劳时，头脑中自然会首先想到它的形象符号"M"。无论在多么混乱的环境中，人们一眼就能看出这个象征时尚、优雅的标志。

第二个层次，品牌的联想

品牌所代表的是消费者所认知和赞同的某种价值观和心理认同的情感趋向。品牌是连接企业和消费者情感的纽带，对于竞争对手是一种无形但具有杀伤力的有力武器。

每个品牌都应该有与众不同的品牌内涵，能够带给消费者情感认同和偏好，使消费者在享受商品的同时还能感受到品牌所赋予的情感价值的体验。

喝"可口可乐"的时候，消费者并不只是单纯地去喝一种深色液体的碳酸饮料，而是因为只有"可口可乐"最能代表美国。在第二次世界大战中，可口可乐是让美国大兵摆脱孤独和苦恼、稳定军心、提高士气的军需品。艾森豪威尔在北非指挥大军远征西西岛之前，给美军参谋长联席会议主席马歇尔发出的一份急电要求："本军现行要求300万瓶可口可乐，以及每月可以生产两倍数量的完整装瓶、清洗封盖设备，请提供护航。"

第三个层次，消费者的潜意识

潜意识是消费者内心对品牌深层次的真实想法，也是在做消费者调研时最核心的部分。在消费过程中，消费者不仅要追求生理的需求和满足，还要追求心理上的需求，这是一种感觉、自身价值的认同。只有品牌才能赋予消费者需求被认同的心理满足。

第五章　疯狂抢购：地产导师如何做路演会销

第五节　会销成交的秘诀

成交就是价值的传递，信心的说服，情绪的转移。

路演时应该注意些什么，需要做好哪些准备，才更容易成功？

1. 路演前，准备一个精美的 PPT

PPT 展示的内容包括：产品梗概、市场分析（包括细分市场分析）、产品定位、产品优势及产品壁垒、目前状况、商业模式、发展规划、项目团队（主要是创始人）等。注意：PPT 字数不宜过多，整体要控制在 18 页以内。

2. 路演时，要特别重视第一句话

要讲一个有吸引力的、能让天使投资人兴奋的故事，这个故事可以是未来你的项目能够实现的某个场景，也可以是目前用户的痛点、刚需。注意，第一句话一定要把项目概念说清楚，比如："兼职猫 App 是一款真实可靠的找兼职应用，用户群体主要是大学生……"

3. 令人惊美的技术、创新的经营模式

换句话说，就是为什么只有你做得到行业第一。这时候，地产导师一定要注意对自己个人的包装，因为在天使投资人眼里，早期项目就是投资人。如果你家里有创业背景，或自己之前经营过项目，那无论成功与否都可能是加分项。一个现象是，现在很多投资人喜欢投"潮商"后代。

被腾讯跟进怎么办？互联网领域，天使投资人很喜欢问这个问题。初创业者被问到的时候，千万不能慌。因为如果腾讯真看中了你做的领域，意味着市场前景不差。从好的方面来想，有行业巨人开拓市场、培养用户习惯，小型创业公司跟在后面捡剩余市场份额，做细分、垂直领域，也能发展得很滋润。所以，镇定下来，强调企业的灵活性，凸显差异化竞争的优势就行。

4. 选择与项目相符的主题路演活动

主办方通常会邀请与主题背景符合的投资人或者专家担任评委，如果你的项目与主题相差太远，很难获得大多数评委的青睐，基本没有获奖可能。

5. 做一份适合路演使用的商业计划书

因为场地和时间的关系，没有人会去看你的一大堆文字阐述。更重要的是，太多的文字会让你的演讲缺乏焦点。可以选几张能突出你核心主题的图片，再配上一些精炼的文字，然后把那些需要详细解释的东西放在脑子里，路演时娓娓道来。

6. 路演前预演，路演中重新调整

不要把宝贵的时间浪费在项目背景介绍等无价值的说明中。在被听众提醒还剩1分钟时，才开始匆匆解说自己项目的具体情况，直接的结果就是，项目核心价值没能得到最好的阐述。如果在正式路演前，根据活动规则进行多次模拟预演，就可以在路演中更好地判断自己的BP（商业计划书）内容和说明时间是否需要调整。

第五章　疯狂抢购：地产导师如何做路演会销

7.告诉投资人，需要多少钱，打算怎么花

路演时，投资人经常会问到财务模型，地产导师很难有足够的数据去支撑一个足够靠谱的预估模型，这时就可能很慌。其实没必要，大部分情况下，地产导师比投资人更了解企业的市场和技术。大多数投资人只是想通过这个问题来了解你对市场的看法、了解程度及你的设想是否合理。你能做的，应该做的，就是告诉投资人你想要融资的规模，融资的原因及你打算怎样花这笔钱。

第六节　地产路演会销成交的思维

1. 客户不需要便宜的产品，而是爱占便宜

爱占小便宜是人性的一个特点，每个人都希望得到"免费的午餐"。所以在路演会销时，不妨满足客户爱占小便宜的心理，让客户买得开心，我们才能赚得更多。

小王开了一家电子产品专卖店，他对于店面的布置费了一番心思。店里，除了各式电子产品外，还陈列着各种各样的物品：有靠枕等各种小件家居用品，有咸蛋超人等各种儿童玩具，还有很多小工艺品等。物品非常多，小店看起来似乎还有些拥挤杂乱，但他的生意却非常好。

一次，一位客户到小王的店里购买MP4。双方经过一番讨价还价，客户有些累了，就坐下来喝杯茶。这时，他才发现茶的味道非常好，便忍不住问小王："这杯茶里放的是什么茶叶？"

这时，小王拿出了一包茶叶慷慨地送给了客户。客户意外得到小王"买一送一"的馈赠，觉得占了便宜，十分爽快就交款了。其实，小王早已买好了很多茶叶存在店里。

如果客户是带着孩子一起来的，那么他可以送的东西就更多了。但是，小王并不会主动送东西给客户，而是等着客户看中了店里的某一样东西提

第五章 疯狂抢购：地产导师如何做路演会销

出要求时，他才会慷慨地送给客户。

其实，很多客户在购买了产品后，都会因为奇怪店里面为什么摆放着那么多东西而问小王，是不是可以送点什么给他。因为他感觉自己和小王做了宗大生意，总得有点什么东西赠送吧？

小王就是利用人们这种想占小便宜的心理，故意不说出是赠品，而在客户提出要求后装作是"慷慨"地送给客户。在这种情况下，客户反而觉得是自己占到了便宜。

在这个案例中，小王在店里摆满了各种小物品，就是充分地利用了客户喜欢占小便宜的心理，使客户非常爽快并且十分开心地成交。虽然客户占了小便宜，但是小王的生意却越来越好，获得了更多的利润。

在实际销售过程中，诸如优惠打折、免费送货、赠品、附加服务等"小便宜"都可以让客户感到喜悦。如果这些"小便宜"已经不能让客户感到欣喜，那么也可以准备一些特色优惠、特色服务，给客户一个"意外的惊喜"。

不过，我们也会遇到一些得寸进尺的客户，占了小便宜还想占大便宜。

当我们发现对方有这种倾向时，最好立刻打断他这种不切实际的想法，可以说："公司有规定，我不能这样做。"或者对客户说明我们不能再降价或免费赠送的理由。

说话的时候，要柔中带刚，尽量让客户理解我们和公司的苦衷。

一定要让客户意识到自己占了便宜，如果客户觉得理所应得，那么你的付出就白费了。

优惠策略不能太过频繁，否则客户就不会认为这是难得的机会，也就不会珍惜了。

满足客户贪小便宜的心理要投其所好，保证我们所给予的"便宜"正合客户的胃口。

2.路演会销的最高境界就是对人性的理解

得人心者得天下，不仅军事、政治如此，营销的成功，也在于得到"人心"。

所谓人心，其实也就是人性。人性，从营销学的角度，可以理解为客户需求，包括物质与精神两方面。而人性营销就是最大限度地满足客户的要求，通过客户在接受服务的过程中获得的充分愉悦体验，提升客户认可度，从而达成企业和个人经营的目的。

随着人们的需求日益多样化，为了在人性营销中占据主动地位，有些地产企业便为消费者提供更多的附加值。人性复杂且多变，包含恐惧、忌妒、虚荣、攀比、爱、奉献等，人性营销就是以人为营销目的，通过各种方式与手段，释放出人的潜在心理，让人在消费活动中得到充分、愉悦的心理满足，从而实现品牌认可与购买行为。

人性营销的成功，在于洞悉人性并且"对症下药"。那么，人性究竟有哪些曲折奥妙，同时又该如何运用这些人性呢？下面我总结了重要的几点：

（1）好面子

有人说，中国人的特点就在于"死要面子活受罪"，近年来中国人在奢侈品一掷千金、购买成风，很大原因并不在于中国人对奢侈品的品味，而是攀比和炫耀的心理驱使。可见，面子对成交影响可谓相当深远。

那么，什么样的产品与服务会让消费者觉得特别有面子呢？牌子响亮、外表引人瞩目、环境的优雅舒适，能彰显消费者"与众不同"的虚荣心理，从而更容易获得消费者青睐。比如，LV比普通女包并不漂亮或者实用到哪里去，有钱人之所以争先抢购 LV，往往就因为其名头响亮。

（2）情感需要

人是感性的，对消费者一定要有"人情"意识，良好的服务能令消费者产生备受尊重与礼遇的感觉，从而刺激其消费行为，因此为客户提供周到服务至关重要。比如，很多星级酒店，当顾客下车时有门童迎宾，用餐时服务员体贴周到，结账时还有收银员双手把找零奉上，这种当"爷"的感觉令许多大款富豪们备觉受用，因此流连往返、乐此不疲。

（3）喜欢占便宜

某国际知名化妆品品牌在初入国内市场时，曾承诺消费者买回去使用后如果不满意，只要剩余量不少于总量的三分之二，就可以无条件全额退款。结果这项政策在国内执行了没多久，就被迫取消了。因为每天都有消费者排着队来退货，而且瓶内剩的正好三分之二，可见，不管消费群体有多么"高端"，占便宜的心理都是常态。

想让消费者有占便宜的感觉，可以有三个操作方向：一是原价不变附送赠品或服务，二是产品不变价格优惠，三是价格优惠同时附送赠品或服务。在路演会销中巧妙利用占便宜心理，往往能收到事半功倍的效果。但同时，我也要提醒大家，一定要综合考虑地产项目所处的市场阶段、品牌定位、竞品动向等因素，否则很有可能弄巧成拙。

（4）惰性心理

现在很多人都习惯用搜狗拼音打字，因为它设计得非常人性化，很好用。在搜狗的输入法设置里有模糊音设置一项，即使是输入错误也可以显示出想要的字词来，很大程度上方便了普通话不标准的人。而多年以前傻瓜相机的发明，也成为了相机历史上的里程碑，消费者不需要懂得如何精确的操作，只要大体了解就可以熟练使用。

消费者不是专家，通常也不愿意花费过多的精力去阅读、学习产品的使用说明书，如果某个产品使用极其复杂或稍有违规操作就损坏，必然难脱被抛弃的厄运。所以，在产品诞生之前的设计阶段，就要充分考虑到使用时的人性化问题，在产品研发层面充分考虑到易用性、人性化因素，不要陷入技术至上的误区，要满足消费者模糊、差不多的心态。

（5）注重家庭

中国的优良传统文化，是以"家"为单位出发的文化，与西方以个体的"人"为单位出发的文化有一定的差别。对大多数中国人而言，家庭就是其栖息的港湾与情感的全部归属。而运用家文化对消费者进行营销，就像点穴大法一样，只要找到最能触及消费者内心深处的那个点，并通过各种手法灵活的、淋漓尽致的表现出来，就可能引起广泛共鸣，深刻影响，从而对销售产生实质性的推动作用。

比如，"孔府家酒"，一句经典的"孔府家酒，叫人想家"一语击中无数漂泊的心。而养生堂天然维生素E广告片，更是把这一点发挥到了淋漓尽致，"我在左，给你天使的浪漫。你在右，许我温暖的未来""美丽自己，爱惜家人"，充分调动了消费者关爱家人的情结。

人性包含及其丰富的内涵，故而人性营销也有许多"文章"可作，今天简要地列举了其中几点。不管手段如何变幻，只要经营者最大限度地满足客户的要求，让他们在接受服务的过程中享受到愉悦的服务，从而树立起品牌认知与忠诚度，那么，营销就一定能取得好的效果。

第五章　疯狂抢购：地产导师如何做路演会销

第七节　地产路演会销成交的要诀

要想实现地产路演会销的成交，就要从下面几方面做起：

1. 先发制人，以防为主

解决客户抗拒最好的办法就是在客户没有提出异议之前，地产导师就主动提出来并把它解决掉，让客户不受干扰地专心听你的解说。

举例来说，你的产品比竞争者的昂贵，且知道价格问题会成为主要的抗拒理由，就应该在销售对话一开始时这样说："王先生，在我开始之前，我想告诉你，我们的产品是市面上最昂贵的。然而，即使是这样的价位，每年都有很多人购买，你想知道为什么吗？"

用这种先发制人的战术，准客户就没有办法再说"你的价格比别人的贵"，因为你已经告诉他为什么了。不管客户主要的抗拒意见是什么，你都要准备在一开始就将它打得落花流水，不要让它成为一个抗拒点。

2. 充分准备，万无一失

事实证明，销售之前的准备和你成交的概率成正比。因为在与客户沟通时，客户随时会提出各式各样的问题，只有对客户的问题对答如流，才会赢得客户信任。而地产导师的迟疑和不确定会让客户感到失望，并对你的产品产生怀疑。所以，在产品展示之前，能够预测并胸有成竹地回答客户的反对意见,会让你看起来是位真正的专家。记住:没有准备你就是在准备失败。

3. 客户忘记,不要再提

如果问题是在产品介绍的早期提出,但后来却没有再度被提起,那么就算了。往往客户提出抗拒意见或问题,只是想证明他们是在注意听,但这些抗拒意见其实是无关紧要的。

4. 及时转移客户注意力

当客户提出反驳时,要立刻转换话题,然后设法再继续转回到商谈的主题。

话题转换的目的是调整情绪,使商谈气氛趋于友好,但不能脱轨太远,一旦找到机会,就要立即回倒原来的主题上。例如,可使用这些过渡句:"你说得太对了,另外还有一点……""此事不假,但还有一事……""我同意你的看法,而且我确信你也同意……"

5. 巧妙将异议变成卖点

客户提出异议的地方,地产导师也可以巧妙地将其转化成产品的卖点,把反对理由转变为购买理由。例如,客户如果认为某个楼盘的价格太高,就可以针对这一异议向客户强调:导致价格高的原因是由于地段好、户型好,而其他楼盘项目却不能保证这一点。

诸如此类的答复使客户很乐意接受。再举一例:

客户:我不需要参加什么演讲训练,因为我很少被请上台演讲。

地产导师:这正是你应该参加训练的好理由。

你很少被请上台演讲——正像你所承认的——是因为你缺乏当众讲话

的能力，但等你参加过这个训练课程以后，你就会成为很好的演说家，就会有很多机会请你演讲了。

6. 用项目的其他利益对客户进行补偿

一个地产项目是由多方面的要素构成，这些要素就构成了多方面的利益。如果在价格上无法为客户做出让步，可以在售后服务上给予客户更多的优惠，有效地消除客户在价格要素上的异议。例如：

客户：这房子太贵了。

地产导师：跟过去比起来，房子是有点贵，但可以升值。

7. 提供适当资料以解答反对理由

对客户提出的反对理由，地产导师应尽量提供全面确凿的证据，如老客户的感谢函、专家评断、客户使用满意的照片等。也可以描述一个故事，而且越是生活化的实例，越具有说服力。要向客户说明真实的情况——给他们提供事实，可以假设客户的反对只是变相的要求你提供更多资料。

8. 让客户回答自己的反对理由

要让客户回答自己的反对理由，只要让他们继续谈下去。也许，这正是他们要反对的原因——希望有人听听他们的看法。就像有位哲学家说："许多人宁愿你静听他们的意见，而不要你回答他们的问题。"

所以，你可以用问问题的方式引导他们谈话，一旦他们回答了自己的反对意见，情绪就会平静下来。比如，你可以说："李先生，我对你的这个看法很感兴趣，可否请你进一步解释一下呢？"或是，你可以直截了当地问："为什么你这么认为呢？"

假如客户的反对意见并不是十分合理或客户自己对这个意见也是一知

半解，观念不是很成熟，这时通常他们就会坚持一阵子，然后就会承认这个问题并不是很重要。要让客户回答自己的反对理由，必须要有耐心，同时提一些引导性的问题。

9. 承认对方的反对理由

有些反对购买的理由很难克服，因为它们的确是实情，而且很难回答。这时最好的方法就是点头承认，不要浪费时间去说服对方认错，尤其是对方的理由十分充分的时候。假如客户说："你们现在的存货过多。"而你也知道那是事实，就不要为此争论，可以说："我知道每年到了这个时候，情形都是如此。同时我有一个新产品相信你会喜欢，因为到目前为止，还没有人经销，相信销路会非常好。"没有什么东西是十全十美的，甚至你的产品，甚至这本书。

10. 使反对意见具体化

在认同了客户的想法和感受以后，地产导师要尽最大努力使客户的意见具体化，即客户反对的细节是什么？是哪些因素导致了客户的反对？使客户意见具体化，有助于彻底找出导致客户异议的真正原因。

客户很多的反对意见并不是他们真实的想法，所以地产导师在听到客户的异议后，不要急于就客户异议的本身作出解释，要尽量探寻客户更为详细、具体的反对意见。

第六章

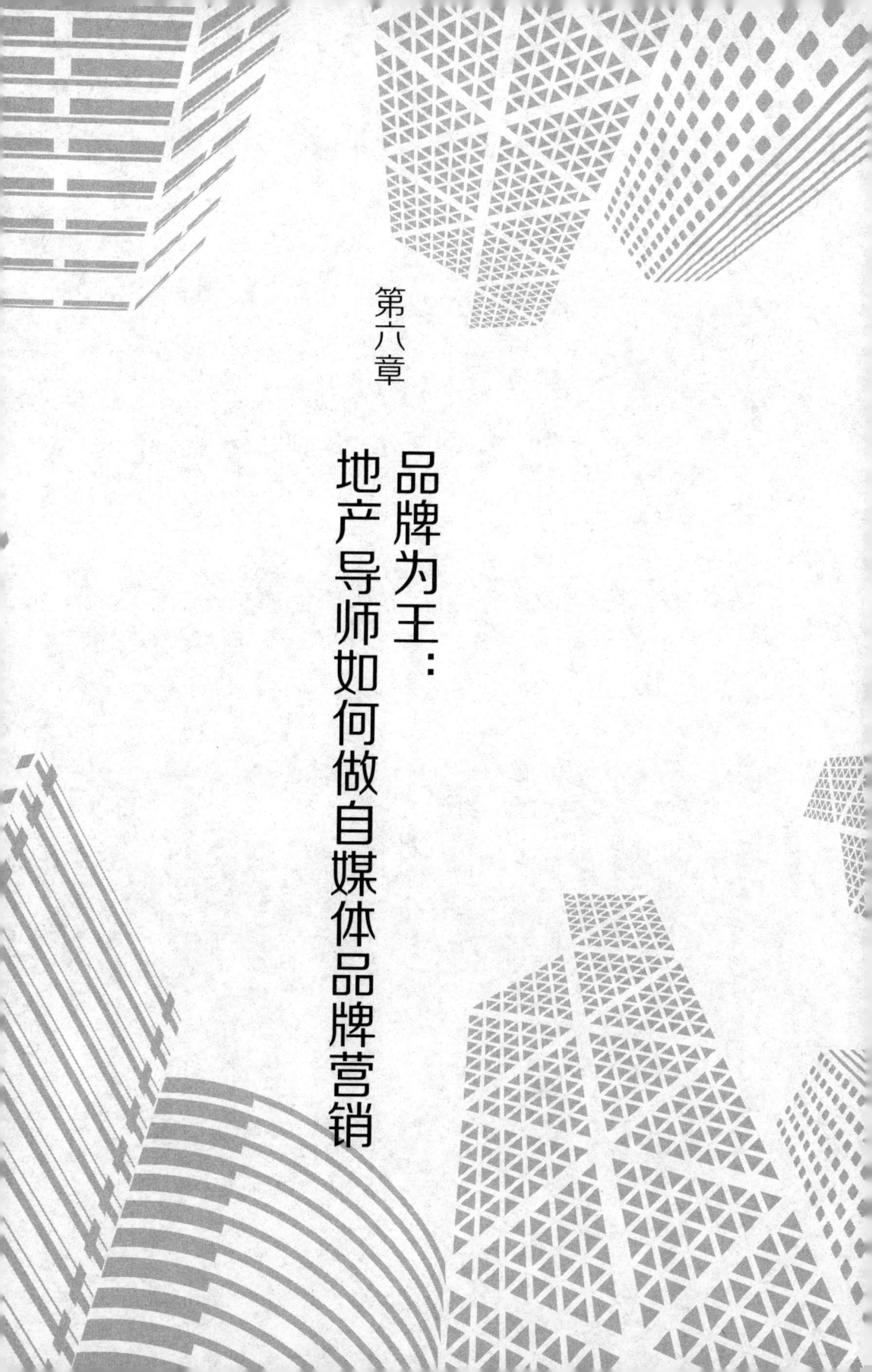

品牌为王：地产导师如何做自媒体品牌营销

第六章　品牌为王：地产导师如何做自媒体品牌营销

第一节　个人品牌形象影响营销

提起品牌，很多人首先就会想到企业、商品，比如：可口可乐、IBM、SONY 等。想到这些品牌，就会联想到他们优质的产品和良好的企业形象。

谈到品牌，很多人都觉得和自己距离太远，其实每一个人都有自己的品牌。品牌有好有坏，只是我们并没有意识到这件事而已。

一个人的能力要么被高估，要么被低估。没人知道你的实际价值，你被人熟知和认可的价值是你的品牌价值。想被更多人认可，就要提高自己的品牌价值。

地产导师也是一个品牌，需要不断打造并传播自己的核心形象。如此，当别人有某个方面需求的时候，第一时间就会想到你，个人正面品牌的第一受益人就是地产导师本人。所以，不仅是企业、产品需要建立品牌，地产导师也需要在自媒体营销中建立个人品牌。

一、什么是个人品牌

美国管理学者彼得斯有一句被广为引用的话：21 世纪的工作生存法则就是建立个人品牌。他认为，不仅企业、产品需要建立品牌，个人也需要建立个人品牌。这句话的广泛流传，个人品牌的受重视程度由此可见一斑。

在这个竞争越来越激烈的时代，不论在什么样的组织里面，要想让人们认识你、接受你，首先就要有充分表现自己的能力。只知道埋头工作却不被人认知，你的杰出表现就会被铺天盖地的信息所淹没，因此个体的价值被认知比什么都重要。

要想推动个人成功，要想拥有和谐愉快的生活，每个人都要像那些明星一样，建立起自己鲜明个性的"个人品牌"，让大家都真正理解并完全认可，只有这样，才能拥有持续发展的事业。

比尔·盖茨，从47岁起连续23年都是世界首富。首富的身份，给微软这家表面上看起来定位不是很清晰的企业提供了一个响亮的金字招牌。出现在公众面前的盖茨，梳着利索蓬松的发型、穿着时髦的西服款式，言谈举止散发着来自内心的自信，可以轻松地在任何场合上表达自己的所思所想。当时，熟悉他的美国媒体和公众都知道，这个电脑天才曾经是整个世界上最腼腆的人，永远穿着肥肥大大的深色西装，厚厚的玻璃镜片像瓶底一样，就像是很长时间没有洗澡了。而现在所有人所知道的盖茨，则是一个大慈善家，是愿意花费5千万美元建造科技豪宅的科技先锋，更是一个人格高尚且颇具社会责任感的世界级企业家。

这就是个人品牌的理想。所谓个人品牌是指，个人拥有的外在形象或内在修养所传递的独特的、鲜明的、确定的、易被感知的、足以引起对群体消费认知改变的影响力集合体。

个人品牌的类型有：

1. 直线型

这种类型的个人品牌发展缺乏变化，没有成长，体现不出个人的奋斗和努力，个人影响力无法得到扩展。只要有份固定的工作、有个固定的生活圈子、工作伙伴和亲戚朋友，无所谓个人品牌的经营。大部分人可能就是这样一种情况，从出生到死亡，其个人品牌影响力只作用于很小范围的一部分群体。

2. 马鞍型

这种类型的个人品牌，会随着自己事业的发展而达到高峰，可是又因为自己的事业低落而处于低谷，由事业的再次兴旺而逐渐发展。比如：原巨人集团总裁史玉柱，当年因为冒进，致使巨人大厦轰然倒塌；后来，又借助脑白金而再度崛起，其个人品牌曲线的发展就是呈马鞍型。

3. 驼峰型

这种类型的人一生都动荡起伏，个人品牌也会随之多变，从波峰滑到波谷，从波谷又升至波峰。

4. 下坡型

这种人的个人品牌一度达至巅峰，后来因为某些方面显露出来的问题，造成了不良的社会反映，使得其个人信誉度急转直下，个人品牌曲线即呈下坡型。

5. 45°型

只有沿45°稳步上升的个人品牌曲线，才是最好的发展态势。随着时间的推移，个人品牌也会在不断的积累和努力中稳步提高，即使不求大于45°的冒进，也不能安于现状。在中庸的角度，做最好的努力，个人品牌的发展才是最健康的、才是最切实可行的。

二、个人品牌价值的构建

本质上来说，个人品牌价值就是个人商业价值的综合体现，是一种无形资产。个人品牌构建的基础有：

1. 积极打造个人品牌

例如，一个人在公司打工，努力做好工作，最大受益者是自己，因为这样有助于树立自己的个人品牌，赢得丰厚的薪水和广阔的职场空间。但是，很多人不会这样想，总是觉得这种观念很空，个人品牌谁能看得见？职场空间在哪？与其花费时间寻找，倒不如寻找机会"偷闲"，轻松一刻，至于工作，只要混得过去就可以了，能混一天算一天。这种人就没有体会到个人品牌的重要性。

个人品牌是由内而外的，是一个人素质的综合展现。努力工作，把事情做好，即使没人看见，短期内没有人知道也没关系，长期坚持下去，自己的个人品牌形象就会渐渐被认可。当个人品牌被广泛认可的时候，个人必然会名利双收，个人也会成为最大的受益者。这个观念看起来简单，但是，真正认识这个观念则需要一定的时间。

2. 悲剧优秀道德

品牌即人品，这句话在个人品牌上更容易理解，即：一个人的人品决定一个人的个人品牌。

人品有优劣，个人品牌形象也有优劣，但二者不能轻易画上等号，因为人是一种善于伪装的动物，真假优劣，只有经过认真辨别才能定论。

判断个人品牌时，需要记住一句话："路遥知马力，日久见人心。"地产导师在树立自己的品牌时，要努力除去自己身上的道德污点，逐步提高自己的道德水平。否则，即使你的个人品牌再有魅力，也只是一层薄薄的窗户纸，一捅就破，让自己暴露在阳光之下。

3. 树立终生学习的理念

如今，人们都崇尚终生学习，很多人也知道终生学习的道理，但是大多数人都停留在"明白道理"的层面上，根本就没有将终生学习的理念变成日常行为。如此，个人综合素质自然得不到实质性提高，良好的个人品牌自然往往无法树立起来。另外，个人学习必须制订一个切实可行的计划，而且计划必须根据个人的发展及时进行调整。至于个人在每一阶段学习的内容和方式，则可以根据个人的人生目标、兴趣爱好和自身财力来确定，必要时可以向相关人员做适当的咨询，保证学习内容的科学性，提高最终的学习效果。

第二节　职业品牌形象影响营销

上海巧房信息科技有限公司成立于上海，是一家专注于房产行业房客源管理软件研发，并致力于为房产行业提供综合服务的提供商。在房产行业领域，服务了太平洋房屋、科威不动产、隔阳不动产、郑州世家，九十度等多个业界标杆。自成立以来，巧房以专注、专业的态度，以强大的产品研发能力，本地化服务能力，客服咨询能力，成功地服务了20多万房产中介经纪人，客户遍布全国20多个省份，50多个城市。

其品牌管理系统具有显著特点：

（1）交易：标准化流程、掌握案件发展；佣金分配、过户跟进；票据管理，跟踪票据流向；防止票据丢失带来的法律风险。

（2）工资：自动生成工资，减少人工成本；支持代付代扣，奖罚补贴等数据管理；支持10种考核方式，自动从业务系统获取数据。

（3）提成：支持25种个人提成方式，6种管理层；算法及6层结构。

（4）成本：了解工资奖金等人员成本；了解房租成本，门店水电等固定成本；大量数据分类表格；帮你更清晰的分析，开源节流。

（5）日记账：房屋支付、生活缴费、门店备用金；其他费用支付、申请退意向金、申请发放房贷；申请发放尾款。

（6）分红：自定义盈亏分红方案、让门店经理获得更多回报、同时为公司创造更大效益。

"日本战略之父"大前研一在其专著《专业主义》中提到："未来能够牵动世界大势的，是个人之间的竞争。而你唯一的依恃，就是专业。"有些人上班只为混口饭，而有些人则在一个领域中精耕细作，成为行业的权威，成为普通人羡慕的对象。因此，若想在职业生涯中获得成功，就不能投机取巧或频繁跳槽，要在一个领域中用"专业"树立自己的品牌形象。

1. 让自己变得更职业

良好的职业精神，是优秀的地产导师必备的成功素质。在他们看来，在其位谋其职，这是最起码的一种职业素养。即使这份工作不喜欢，他们也不会用消极的方式去对待，因为他们知道，这不仅在浪费公司的时间，更是在浪费自己的时间。因此，若要树立自己的品牌，首先要认真对待这份工作。

身在职场，你能收获的无非是两种东西：一是回报，二是成长。在没有明确的目标之前，就要努力将眼前的事情做到极致。要知道，你努力去做的事情一定要比薪水有价值的多。钱财可以散去，而你在工作中积累的内容只会增加你的专业厚度。

2. 持续学习，成为行业专家

每天做着同样的事，怎能期待不同的结果？很多人之所以平庸，正是因为懒于学习。随着互联网技术的进步，在线教育具备随时随地可学习的优势，让"没有精力、时间学习"成为借口，是大部分职场精英的充电方式。

地产导师在学习的过程中，不仅要通过网络学习最新的专业技术知识，提高自己的专业实践技能，更要在技术纯熟的基础上多学习该行业更深领域的知识。因为"专业"不仅在于个人的工作，还包括行业观察、动态发展以及深层需求等诸多内容。同时掌握这些知识，也将是自己从基层走向管理的重要一步。

3. 打造自己的专业理论结构

要树立自己的品牌形象，最关键的是提高自己在该行业的影响力，而不断的学习则给地产导师提供了这样的机会。学的越多，对行业的领悟也就越多。

在实践的过程中，同样的知识理论，在不同的情况下，每个人的感受和心得是不一样的。要根据所学内容，尽量做到理论联系实际，并尝试着打造自己的专业理论结构。同时，要将自己的总结与发现与行业中人分享，或撰文在行业刊物上发表，即使是通过微博、微信等方式发出你的结论或观点，也会提高他人对你的关注度。而你的专业理论越严谨，自己的品牌形象也越强大。

第六章 品牌为王：地产导师如何做自媒体品牌营销

第三节 人格品牌形象影响营销

在当今社会中，为人处世的基本点就是具备人格魅力。何谓人格魅力？首先要弄清什么是人格。人格指的是，人的性格、气质、能力等特征的总和，也指个人的道德品质和人的能力作为权力、义务的主体的资格。而人格魅力则指一个人在性格、气质、能力、道德品质等方面具有的吸引人的力量。

在今天的社会里，一个人能受到别人的欢迎、容纳，也就具备了一定的人格魅力。打造人格品牌形象的方法有：

1. 学会微笑

微笑，是人类最基本的动作。没人会主动喜欢肌肉僵硬的人，不管你是培训，还是做演讲，即使在电梯间偶遇想要搭讪的学员，也要面露微笑。真正的微笑不是嘴角上翘那么简单，而是张弛有度地做肌肉运动。研究发现，露齿微笑的感染效果比抿嘴微笑高近三成，不要担心你的牙齿不齐，70%的亚洲男人都表示：自己喜欢经常微笑、又有小虎牙的女生。要想塑造良好的个人品牌形象，首选就要学会微笑。

2. 善于倾听

倾听，是有效沟通的必要部分，可以实现思想达成一致和感情的通畅。狭义的倾听是指，凭助听觉器官接受言语信息，进而通过思维活动达到认知、理解的全过程；广义的倾听包括文字交流等方式。其主体者是听者，而倾诉的主体者是诉说者。

学会倾听并不是只去听，还要去学会回应。倾听的时候，要随着对方的话语频频点头；对方说到精彩的地方，要微笑回应，让对方在你身上找到共鸣，有"得一知己"的感觉。

在对方说话时插嘴，是社交场合的大忌。如果你面对的人滔滔不绝，丝毫不给你说话机会，也不要紧，可以通过点头、赞同、微笑等一系列积极反应，让对方知道你确实在听，从而让对方心生好感。

第一次见面时，要给对方留出说话的时间。没人喜欢滔滔不绝的"话匣子"，社会心理研究发现，27%的不成功相亲都源于一方话多、另一方无语的尴尬局面。在生活中，性格截然相反的人也可成为情侣、闺密或者蓝颜知己，但如果是第一次跟他人而言，双方并不熟悉，就要遵守绝对公平的原则，在对话时，要尽量留给对方说话时间，让人感觉到你的体贴和平等。

3. 选择合适的话题

人们更喜欢那些带来"积极心理效应"的人，只要不是到深度访谈节目组里面试，就不要在第一次见面时谈论金融危机、中东战争、公司裁员等沉重话题。否则，对方因此产生的负面情绪，会不自觉地"移情"到你头上。如此，在他潜意识里，你会成为坏心情产生的源头。第一次见面时，要尽量谈论轻松话题。如果对方是女性，可以谈论一下化妆品；如果对方是男性，可以向他咨询新出的手机款式。

4. 关注细节

与说话时手势太多一样，口头语太多，只能说明你的内心是犹豫的、徘徊不决的。所以，宁可放慢语速，也要去掉诸如"这个""那个"之类的口头语。与对方沟通，就不要向对方透露过多的个人细节。家长里短会让对方感觉你是个情感依赖者，减弱你的专业感。相反，如果你只对个人情况蜻蜓点水，只说个大概，反而能给对方留下神秘感，期待与你下次见面。

5. 注意正确的坐姿

谈话时把后背靠在椅子上，通常给人目中无人的感觉。剑桥大学的心理学试验表明，当面试官傲慢地"瘫"坐在椅子上时，36%的面试者会产生"此公司企业文化不佳"的想法。随意靠在椅背上与对方说话，是亲密朋友间的行为，与他人交流时，尽量保持后背正直，上体前倾，让人感觉你在有意拉近彼此的心理距离。

6. 合理使用目光

以对方眉心为顶角，两颧骨为底角所形成的三角形，被心理学家称为"焦点关注区"。与对方说话时，如果你的目光不断游离于这个"三角区"，会给人留下被强烈关注、自己成为焦点的感觉，会让人对你好感倍增。相反，如果你死死地盯住对方的双眼看，反而会让他产生敌意。

7. 减少手势的运用

说话时不经意的手势会透露你的内心感受，比如，当你的左手无意中拂过嘴唇，对方如果精通心理学，立刻会感觉你刚刚说了句大话，或正在撒谎。因此，说话时要尽量减少手势，但也不要两手攥拳紧紧不放，这会透露你内心中的紧张感。如果你不能将双手轻松地放在腿上或桌上，可以手拿一个毛绒玩具，它能有效减轻你的精神压力。

演讲时，为了提高效果，虽然可以使用一些手势，但不能太频繁。

8. 主动跟对方交流

通过简短对话，找到与对方的"交集"，可以让双方交往迅速加深。但如果遇到的人与你的经历大相径庭，思维模式截然相反，就应适当重复对方观点，表示你与他处于同一立场。比如，当他谈起房价时，你可以在最后为他的言论做个总结，"因此你的意思是：房价肯定会跌？"这样一来，对方就会产生自我满足感，对你好感倍增。

9. 充分利用表情

茱莉亚·罗伯茨被称为"好莱坞交际花"，她之所以总给人深刻印象，是因为她有几个独特的大笑表情，谁也模仿不了。尽管人们眼睛接受的是动态视觉信号，但这种视觉信号存入大脑后，只能留下平面图。因此，几个只属于你的经典表情，能让别人脑海中关于你的记忆增色不少。

这种表情不一定是微笑或大笑，可以在镜前练习，找到一个自认为最好看的表情，在重要场合不经意地做出来。比如，女性轻轻地咬住下唇、做思考状的样子，就是美国面试官最喜爱的经典表情。

10. 与对方坦诚交往

如果你肤色偏黑，就不要在脸上涂很厚的白粉；如果你牙齿不齐，也不要刻意装出不露齿的微笑。每个人都喜欢结交真实随性的人，第一次见面，就把最真实的自己坦露在对方面前，会让对方感觉身心轻松。同理，当你在讲话时出现口误，也要及时纠正自己，如此才能给对方留下谦虚、有礼貌的好印象。

最后，我们再给大家提供几种培养人格魅力的方法，供参考：

（1）不管在任何场合中，都要以礼待人，举止温雅。

（2）性格开朗，和蔼可亲，特别是应该具有接受批评的雅量和自嘲的勇气。

（3）对别人显示浓厚的兴趣和关心，在与人交际时要引发对方表露自己。

（4）与人交往时，跟他们的目光相接触，使对方产生知己之感。

（5）博览群书，使自己不致言谈无味。

（6）慷慨大度，才能获得别人的欣赏。

第四节　社会品牌形象影响营销

实力和能力是有区别的，提高能力就是通过学习获得方法、通过互相交流获得经验、通过实践获得体验，将方法、经验和体验结合起来解决问题就是能力；实力是现代人的价值体现，实力和企业领导的关系是"有实力当然有魅力"。

1. *实力决定影响力*

有实力体现在三个方面：第一，对于企业来讲，资金雄厚就叫有实力；第二，对个人来讲，个人能力突出叫有实力；第三，自己没有能力，但具备整合资源的能力也叫有实力。

对于地产导师来讲，有实力的标志为：

（1）卓越的能力

成功的地产导师往往表现出超群的领导才能，既能得到上级的信任和赏识，又能得到学员的爱戴和拥护。在中国，有能力的人就是英雄。中国人主张资源集中使用，是一个强调个人能力的民族，是一个崇尚英雄的民族，但是缺少一种合作的文化。基于这样一种文化，作为地产导师，必须要有领导意识，培养个人能力，既要敢担当又要有能力。领导力就是打造合作文化：第一，领导者和学员的合作；第二，员工和员工的合作；第三，人的能力和资源的合作。打造个人实力是提高影响力的基础，要想成为领导就要在专业上有所特长。

（2）敬业、奉献

奉献是中国文化的核心，是一种牺牲精神。"身先士卒""率先垂范""以身作则""德高望重"这些都是形容领导者的词汇，地产导师要注意外在形象（着装、举止等）和内在形象（精神、涵养等）。

"德高望重"包含两个层面，"德高"指个人道德水平很高，"望重"指影响力很大。地产导师不应仅是一个位置，更是形象、能力、实力和奉献精神的集中体现，将自己的能力和精神都打造得优秀，才能算领导。

地产导师的性格不能有缺陷，要有恻隐之心。"仁"乃百善之首，仁的最高境界是恻隐，恻隐之心是领导者最基本的德行。总之，实力使有影响力的人获得心甘情愿的追随者。

2. 以知识赢得敬服

要想提高自己的知识和学识，要从下面几方面下工夫：

（1）对知识的渴望

对知识的渴望能使人的精神得到洗涤，人对于物质的追求越多，道德水平就越低，因为物质的追求过程和精神的追求有时是矛盾的。因此，地产导师要学习知识、提高修养。知识就是力量，21世纪拥有信息的人才能拥有未来。因此，地产导师要做社会的洞察者和思考者，通过学习知识掌握各种信息。

（2）建立合理的知识结构

作为好的地产导师，要拥有合理的知识结构，具备硬知识、软知识和社会知识，一定要成为丰富知识的拥有者。

（3）在实践中增长知识

地产导师要在实践中不断增长知识。例如，很多人都羡慕李嘉诚的财富和一口流利的英语，殊不知李嘉诚每天早晨有读报的习惯，他从不间断，不断学习。李嘉诚的成功与他对自身学习的重视是分不开的。实践出真知，在实践中获得知识是打造能力的最好途径。地产导师要有精益求精的精神，不断钻研、改善新方法，广搜资讯，善用资源，自我设定竞争目标，随时做好价值判断，并用知识赢得他人的敬仰。

3. 以经验塑造能力

（1）积累职业经验，提高职业素质

经验很重要，地产导师要在工作中积累自己的领导经验。例如，美国公司的企业主管在录用学员时都会说"You will shape up or shake up"，意思是"你要不断进取，发挥你的才能，否则你将要被淘汰"，这就是给员工一种不断向上的力量。这里的经验主要包括职业经验、社会经验和生活经验。职业经验构成了职业素质的核心。

（2）积累社会经验，把握社会角色

优秀的地产导师都是经过不断奋斗、不断碰钉子、不断积累经验成长起来的。社会阅历和社会认知的深度决定着地产导师社会角色扮演的质量，因此要不断积累职业经验，逐渐提高个人的职业素养。

4. 靠智慧解决问题

人类智慧分为七大类：语言的智慧、数理逻辑的智慧、感受空间的智慧、音乐性的智慧、动作灵敏的智慧、人际交往的智慧、认识自我的智慧。

智慧的价值在于解决问题，以上七类智慧都是取得领导力不可缺少的条件，其中最重要的是人际交往智慧。

（1）正确面对问题

当学员出现问题时，不懂得帮助属下的地产导师不是好领导，地产导师应该给学员贡献经验、智慧和资源。地产导师要通过学习，掌握丰富的资源，在学员需要时，为他们提供帮助，及时解决问题。

（2）解决问题需要创造性

解决问题之所以需要创造性，一是因为工作没有现成的套用规则，二是因为解决问题没有统一的方法，三是因为没有被认识穷尽的事物。因此，遇到问题的时候，要多动脑筋，争取想到更多的解决办法，然后选择最有利于问题解决的那个方法。

第七章

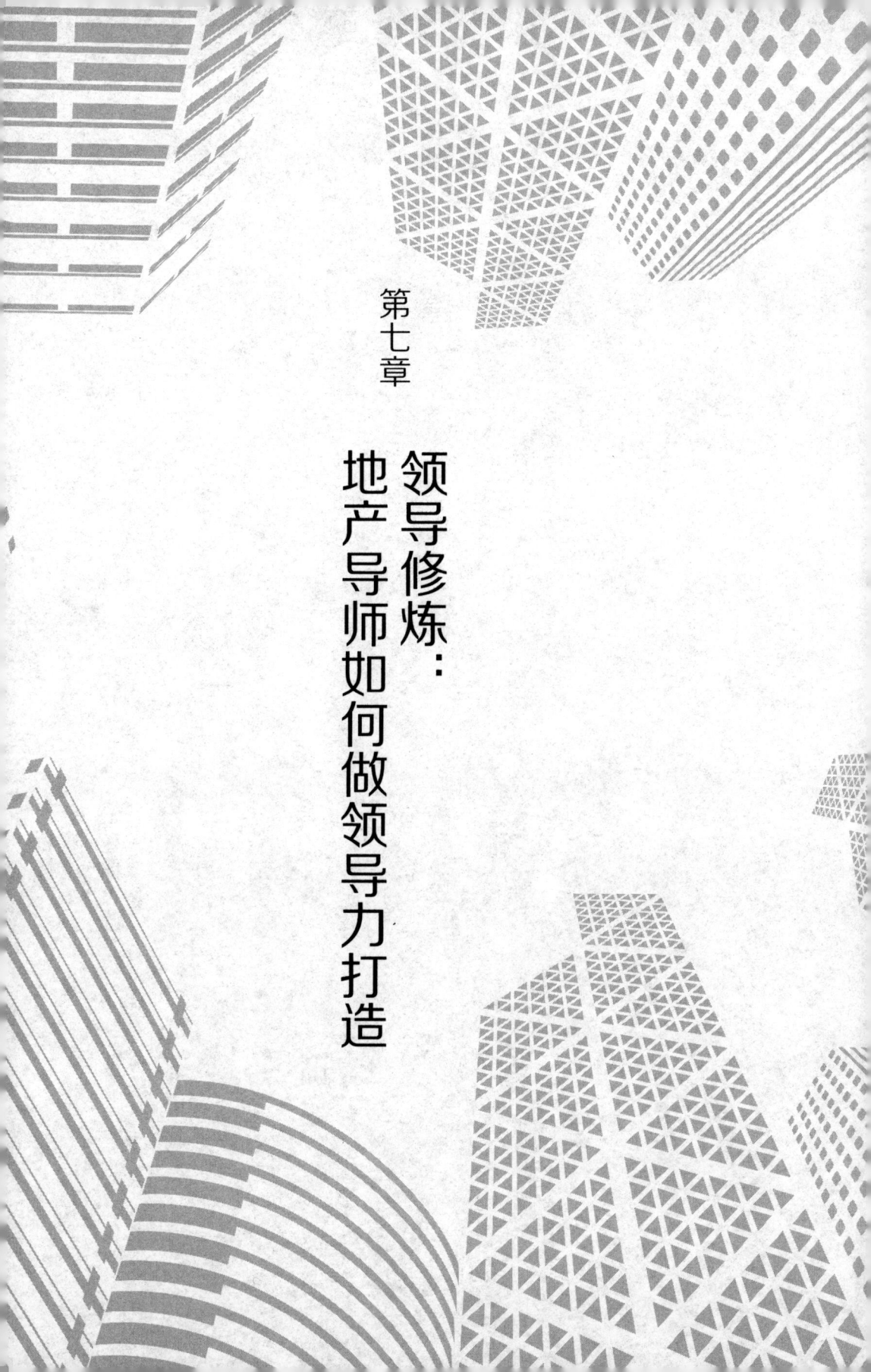

领导修炼：
地产导师如何做领导力打造

第七章　领导修炼：地产导师如何做领导力打造

第一节　学习力：只有懂得学习的管理者才能超速成长

两千多年前，孔子在《论语》中开口说的第一句话，"学而时习之，不亦说乎"，讲的就是学习。为什么？因为孔子当老师的目的，就是为社会培养人才，而人才最重要的能力就是学习力。

有一个博士生被分到一家研究所，是单位学历最高的人。有一天，他到单位后面的小池塘去钓鱼，正好正副所长也在那里钓鱼，还恰好处于他的一左一右。他向他们微微点了点头，心想：两个本科生，有啥好聊的？

不一会儿，正所长放下钓竿，伸伸懒腰，"蹭、蹭、蹭"从水面上飞一般地走到对面上厕所。博士生看着眼前的一幕，眼睛都快掉下来了。水上飘？不会吧？这可是一个池塘啊。正所长上完厕所回来，同样也是"蹭、蹭、蹭"地从水上飘回来。怎么回事？博士生不好意思去问，自己可是博士啊。

一刻钟之后，副所长也站起来，走几步，"蹭、蹭、蹭"地飘过水面上厕所。博士生差点昏倒：不会吧，到了一个江湖高手集中的地方？

受其传染，博士生也内急了。池塘两边有围墙，要想到对面上厕所，就要绕10分钟的路，而回单位上又太远，怎么办？博士生不想低头去问两位所长，实在憋不住了，便起身往水里跨：我就不信本科生能过的水面，

177

我博士生不能过。结果,"咚"的一声,博士生栽到了水里。

两位所长见状,将他拉了出来,问他:"为什么要下水?"他问:"为什么你们可以走过去呢?"两所长相视一笑:"在池塘里有两排木桩子,这两天下雨涨水,正好将木桩子盖住了。但我们都知道这木桩的位置,所以可以踩着桩子过去。你怎么不问一声?"

学历代表过去,只有学习力才能代表将来。尊重经验的人,才能少走弯路。一个好的地产导师,也应该是善于学习的。

对于今天的地产导师而言,学习已经成为不可忽视的一种需要。时间在流转,我们在一天一天地变老,世界却在一天天更新,我们与世界的差距在不知不觉间扩大。生活需要知识的填充,需要知识的完善和积累,所以学习已经成为地产导师必须要做的事情——甚至可以说,学习力的竞争已经成了地产导师竞争取胜的决定性因素。

美国前总统罗斯福的夫人曾说:"我们必须让我们的青年人养成一种能够阅读好书的习惯,这种习惯是一种宝物,值得双手捧着,看着它,别把它丢掉。"还有一位经济学家讲过这样一句话"不学习是一种罪恶,学习是有经济性的,用经济的方法去学习,用学习来创造经济、创造效益。"作为地产导师,就要从理论上、实践中和相互的交流中学习,不仅要注意学习方法的使用,更要有正确的学习态度。

少年时的德摩斯梯尼沉默寡言,一旦说起话来,还发音不清,逻辑不明,疲软无力,但靠着不懈的努力,依然成了杰出的演说家。

德摩斯梯尼的家非常富有,在他7岁时,父亲去世。父亲去世时,给他留下了一大笔遗产:一个武器作坊、一个家具作坊和其他财产。当时的

第七章 领导修炼：地产导师如何做领导力打造

德摩斯梯尼还很年幼，遗产被父亲指定的监护人管理。

贪婪的监护人侵吞了他的财产，德摩斯梯尼成年后，只得到了全部遗产的1/12。他跟对方要了很多次，都毫无结果，即使通过法庭打赢了官司，也没有得到实质性的补偿。为此，德摩斯梯尼决定向雅典著名的演说家、擅长撰写关于遗产问题讼词的伊塞学习演说术。

多年的官司使德摩斯梯尼变成了著名律师。为了生活，他还代人撰写法庭辩护词，这使他的辩论技艺得到突飞猛进的增长。渐渐地，德摩斯梯尼开始向往政治生活，逐渐向一名演说家迈进。

开始，德摩斯梯尼登上讲坛时，虽然准备好了精彩的演说词，却因吐字不清、含含混混，说出的话软弱无力，被挑剔的雅典人毫不客气地赶下了讲坛。这样的事情发生了不止一次两次。然而，失败并没有磨灭德摩斯梯尼的决心。他痛定思痛，对自己的缺陷认真地总结了一番，然后积极想办法。

为了训练发音，德摩斯梯尼向著名的演员请教朗读的方法，并把小石子含在嘴里，迎着呼啸的大风和汹涌的波涛大声朗诵；为了克服气短的问题，他故意选择陡峭的山坡，一面攀登一面不停地吟诗；为了纠正自己的演讲姿态，他专门装了一面大镜子，随时观察自己的举动，并在头顶上悬挂一柄锋利的剑，以改掉那些多余的动作；为了潜心于练习，他把自己的头发剃掉一半，难以见人，只能留在家中没日没夜地练习；为了写出精彩的演说词，他刻苦读书，仅修昔底德的《伯罗奔尼撒战争史》就抄写了8遍……

由此可见，杰出的成就来源于背后刻苦的锻炼和学习，没有一蹴而就的成功，也没有不劳而获的天才。

专家机构曾经分析：一个70年代中期毕业的大学生到1980年，知识的50%已经老化；到1986年，10年的时间，知识已经全部老化。而现在90年代的大学生，只要一毕业，在校四年所学的知识50%已经老化。你过去是企业的人才，怎么保证今天还是人才？如果你的学习力不强，今天的人才就会变成明天的包袱。人才是动态的概念，必须要看到学习力的竞争。学习力是企业生命力之根，是企业竞争力之根。

每一个行业都有一段历史，每个企业都会有它可以借鉴学习的榜样，如果你不是个天才，可以先模仿别人成功的经验，这是上帝赐给人类最伟大的能力之一，模仿鸟儿的飞翔，模仿鱼儿的潜游，模仿古人的文字……这是成功的必经之路。

当然，如果你承认自己是个天才，就要希望下次有苹果落地可以砸醒你。古今中外，没有哪个地产导师不是把学习作为一种管理手段的。要通过学习的形式来教会学员，使他们进步到合乎自己的管理需要，创造出符合自己的利益。

第二节 感召力：人心所向，才能提高领导力

一个具有感召力的地产导师，是一个团队的核心，是团队中每个人效仿的对象；一个具有感召力的地产导师，可鼓舞团队中每个人的士气，充分调动每个人所长，发挥每个人的主观能动性；一个具有感召力的地产导师，可有效影响整个团队的发展。

寺庙中，一个小和尚负责撞钟，半年下来，觉得非常无聊，他觉得就是"做一天和尚撞一天钟"而已。

有一天，主持将他调到后院劈柴挑水，理由是，他无法胜任撞钟一职。

小和尚很不服气地问："我撞的钟难道不准时、不响亮？"

老主持耐心地告诉他："你撞的钟虽然很准时也很响亮，但钟声空泛、疲软，没有感召力。钟声是要唤醒沉迷的众生，因此，撞出的钟声不仅要洪亮，而且要圆润、浑厚、深沉、悠远。"

正所谓"得民心者得天下"，一语道出感召力的巨大价值。所谓感召力，是指地产导师影响和改变学员心理与行为的一种能力，它的最终目的是使学员达到思想意识和行为准则上的相对一致，形成统一的群体目标。

"感召力"一词，最早由恩斯特·特勒尔奇所使用，由马克斯·韦伯所采纳，是指一种不依靠物质刺激或强迫，而全凭人格和信仰的力量去领导

和鼓舞的能力。有这么一个故事：

有一天，男孩问迪斯尼创办人："米老鼠是你画的吗？"

"不，不是我。"沃尔特说。

"那么，你负责想所有的笑话和点子吗？"

"没有，我不做这些。"

最后，男孩追问："迪斯尼先生，你到底都做些什么呀？"

沃尔特笑了笑回答："有时我把自己当做一只小蜜蜂，从片厂一角飞到另一角，搜集花粉，给每个人打打气，这就是我的工作。"

童语笑答之间，地产导师的角色不言而喻。不过，地产导师不只是会替人打气的小蜜蜂，还是团队中的灵魂人物。成功的地产导师多是有亲和的感召力、经常深入员工、关心员工生活冷暖、平等待人的人。

感召力更多的是一种内在的东西。地产导师通过自身的内在与外在素质的培养与修炼，形成一种很强的吸引力。成功的地产导师，只有拥有强大的感召力，才能一呼百应，吸引更多的学者。感召力不是孤立的，它与前瞻力、影响力、决断力和控制力等主要的领导能力紧密联系在一起。

权力性感召力指的是，由组织赋予的在地产导师实行之前就已经获得了的要使学习者服从的影响力，这是一种强制性的影响力。这种感召力带有强迫性，以外部压力的形式来发生作用。在它的作用下，被影响者的心理与行为就会表现为被动和服从。因此，这种影响力对人的心理和行为的激励作用是有局限性的。

第七章　领导修炼：地产导师如何做领导力打造

领导力自测：你有足够的感召力吗？

1. 当员工向你汇报目前的工作情况时，你会（　）

　A. 很认真地听取汇报　　　　B. 偶尔忍不住会对员工训话

　C. 喜欢批评员工以表现自己

2. 向员工宣布企业的规章制度时，你会（　）

　A. 反复阐述，之后充分信任员工　B. 点到为止，让员工自行领会

　C. 强制员工接受，并严格监督

3. 对员工的不同意见，你总是（　）

　A. 乐于接受正确意见　　　　B. 比较喜欢听话的员工

　C. 自以为是

4. 在帮助员工方面，你会（　）

　A. 善于体察民情，有时会为特殊情况破例

　B. 只关心员工工作，对个人生活很少过问

　C. 认为员工拿了工资，就该为企业工作，无须帮助他们

5. 在团队协作中，你会（　）

　A. 及时发现员工问题所在，并帮其解决

　B. 高兴时才会指点一二

　C. 只关注结果

6. 对于员工的期望（　）

　A. 你会时常关注并尽力满足员工的合理要求

　B. 你更希望员工了解你对他们的期望

　C. 你不愿意花时间了解员工的内心世界

7. 当员工完成自己的工作任务后，你会（　）

A. 明白地给出评价，认可其成绩，或者给其改正错误的机会

B. 将员工的成绩归功于自己的领导有方

C. 不关心员工的工作成果，从不过问

8. 在对员工的信任方面（　）

A. 你常给员工鼓气，让他们满怀信心地工作

B. 你更希望员工信任你

C. 你总认为自己的能力比他们都强，很少信任他人

9. 下达工作指令时，你常说的一句话是（　）

A. 放手去做，有困难就提　　　B. 尽快完成，有事多汇报

C. 任务完成不了别来见我

10. 对企业愿景的描述（　）

A. 你善于勾勒出振奋人心的企业愿景

B. 你所描绘的愿景让人有畏难情绪

C. 你只要求员工做好眼前的事，没有什么愿景

测评方法：

选A得3分，选B得2分，选C得1分，最后将分数加总。

测评结果：

24~30分：你有很强的感召力，在感情上贴近员工，能为员工考虑，帮助员工成长。对员工的重视使你能获得员工的敬重，在企业具有权威、核心的领导地位。

17~23分：你具有一定的感召力，但总是以自我为中心，常常难以自制地表达自己。过多的自我表现反而削弱了你的领导魅力，最终导致感召力下降。

10~16分：你的管理风格偏硬，缺乏人情味，很容易让员工和你之间的矛盾上升为劳资双方之间的冲突，所以必须快速提升个人感召力。

第三节 组织力：懂得选贤任能，方可提高组织力

现代社会是一个庞大的、错综复杂的系统，绝大多数工作往往需要多个人的协作才能完成，所以，从某种角度讲，每一个人都是组织管理者，承担着一定的组织管理任务，地产导师同样如此。

1. 组织管理能力主要内容

组织管理能力是指，为了有效地实现目标，灵活地运用各种方法，把各种力量合理地组织和有效地协调起来的能力。组织管理能力是领导者的知识、素质等基础条件的外在综合表现。

组织管理能力主要包括善于经营、善于管理、善于用人、善于理财这四个方面。

（1）善于经营

成功的地产导师，不仅要有果敢的开拓创新精神，还必须精通经营之道，熟悉市场行情。要了解和掌握地产的经营活动内容，学会地产经营的策略和手段，掌握信息要及时准确，对比选优要多设方案，不同意见要兼收并蓄。要懂得市场经营策略、销售策略、市场定价策略，熟悉地产经营的组织和管理。

经营之道，没有固定的模式，但从许多成功经营的理念和经验中可以

第七章　领导修炼：地产导师如何做领导力打造

总结、归纳出一些特点。比如：美国创业家协会认为经营管理就是：力求创新，追求成长，确保合理和利润，以消费者为出发点，倾听消费者的意见，掌握良机，发挥特色等。

善于经营的领导者，一般表现为以下几方面：

慧识天时地利。在激烈的市场竞争中，取胜往往是通过经营来实现的。经营时，优秀的领导者首先要考虑的是开业所在地的地理位置，考虑什么时候是消费者购买商品的最佳时间。英国有位名叫查尔斯·福特的年轻人，为了开设一家奶品店，看了三个店址，最后选择了要价最高且年久失修的一处。卖方问他原因何在，福特毫不隐讳地告诉他：自己带了秒表在每处店址外面站了半天，计算来往的人数，结果此处来往的人流量最大。

形成自我风格。现代经营不可能动辄花大钱做广告或搞有奖销售等形式来促销，而是要用新的风格和吸引力来扩大影响。科学的经营技巧是在熟悉社会消费心理的前提下产生的。1989年，《人民日报》发表了一则消息：乔治·布什应邀在中国驻美大使馆做客时，指着手腕上的手表说：这是中国制造的"海鸥"表，是一位中国友人送给他的，已经戴了3年，走时准确。他曾戴着这块表去迈阿密海滩钓鱼，海水把他浑身打湿了，但手表走时毫无影响。当时的天津手表厂厂长见到这则报道后，立即通过美国驻华大使馆转赠给布什夫妇一对新型"海鸥"双日历石英电子表，并向这对忠实用户致意。之后，各报纷纷报道或转登这则消息，"海鸥"手表名声大噪，业绩倍增。

掌握经营诀窍。大凡善于经营的人，一般都有其经营成功的诀窍。这些诀窍因人而异，因事而异，可根据情况灵活应用。这里有两个事例值得借鉴。1915年，巴拿马万国博览会开幕时，中国的茅台酒因包装"土气"

而受到冷遇。展出时，茅台酒的经销人员灵机一动，故意摔破一瓶。顿时，香气四溢，使博览会的参观者为之倾倒，茅台酒从此名声大振。

（2）善于管理

经济核算的结果表明，即使是生产条件和资源投入相同，生产效率也会有差异。

所谓管理，就是根据企业的内在活动规律，综合运用企业中的人力资源及其他资源，从而有效地实现企业目标的过程。善于管理的领导者，一般都了解生产环节，掌握管理的窍门，精通经营核算，能够做好生产过程的组织、生产计划的编制、生产的调度、产品的质量控制等工作。

此外，善于管理的领导者还具有如下特征：

智于决策。即可以根据实际情况对生产经营中的有关问题及时作出正确有效的眼前决策，又能高瞻远瞩，作出富有远见的长期决策。

巧于组织。即能充分发挥全体成员的聪明才智，又能善于使用各类人才。

精于授权。能抓住关键，慎重决断，把琐细的日常事务工作分给员工处理。

善于应变。能够审时度势、随机应变，不抱残守缺、墨守成规。

敏于求新。对新事物、新环境、新观念、新技术、新方法具有极敏锐的感受力。

敢于负责。对本企业、对员工、对消费者以及对整个社会都抱有高度的责任感。

（3）善于用人

在生产的诸要素中，人是最活跃的、起决定作用的因素，是企业能否

第七章 领导修炼：地产导师如何做领导力打造

发展的决定因素。成功的地产导师无不讲究爱才、惜才、选才、用才之道。没有优秀的地产导师，也就没有优秀的地产企业。

善于用人，就能调动人的积极性，使人尽其能，人尽其才，使个人的长处得到充分发挥。要成为善于用人的领导者，就要统一指挥，权责相配，建立规章，管理民主，还必须论功晋升，按劳分配。

美国管理学家布兰奇说过，一种市场经济活动能否取得辉煌业绩，归根结蒂就在于这一活动的组织者中是否有了不起的人才，也就是企业重用了人才没有。以人才来衡量企业的财富，要比用金钱来衡量企业的财富更有长远的意义。领导者用人，要会育人，会留人，要知人善任，安排恰当，用人不疑，让员工大胆施展才华；不能任人唯亲、不能盲目培养自己的小集团，否则会挫伤员工的积极性。

中国历史上因为善于用人而成就大业的典型事例数不胜数。比如：刘邦上虞用人，成为汉朝的开国皇帝；项羽则因为不善用人，先后失去了韩信、陈平、范增等人，最后只能自刎乌江。刘邦在总结自己之所以能战胜项羽的原因时说：运筹于帷幄之中，决胜于千里之外，我不如张良；治国安民，供应军需，我不如萧何；统帅百万大军，战必胜，攻必克，我不如韩信。

此三人乃人中豪杰，但我能用之，故我能得天下。人无完人，金无足赤。创业者个人的才能总是有限的，要在创业这个复杂的社会活动中获取成功，就必须有刘邦式的善于用人的才能。

（4）善于理财

理财是对资金运动过程进行正确的组织、指挥和调节，从而保证生产活动的顺利进行，减少劳动和物质资源的耗损，从而降低产品成本，提高资金利润率的过程。善于理财，能使资金增值，经济效益提高。地产导师要从事生产经营，获得利润，就必须善于理财。善于理财的实质就是使资金增值，它是事业成功的一个重要保证。

俗话说："吃不穷，穿不穷，算计不到必受穷。"在商品经济条件下，地产导师必须心中时刻装有一把算盘，每做一事，都要掂量一下是否有利于企业发展，有没有效益。大凡善于理财的经营者，不仅钱财用度节俭，出入谨慎，账目清明而且有极强的盈利观念、资金时间和价值观念。

2. 地产导师应具备的组织能力

一个好的地产导师应具备怎样的组织能力？

（1）沟通能力

为了了解组织内部员工互动的状况，倾听职员心声，地产导师要具备良好的沟通能力，其中又以"善于倾听"最为重要。唯有如此，才不至于让学员离心离德，或者不敢提出建设性的提议与需求，而地产导师也可借由学员的认同感、理解程度及共鸣，得知自己的沟通技巧是否成功。

（2）协调能力

地产导师应该能敏锐地觉察学员的情绪，并且建立疏通、宣泄的通道，切勿等到对立加深、矛盾扩大后，才急于着手处理与排解。此外，地产导师对于情节严重的冲突，或者可能会扩大对立面的矛盾事件，更要果断地加以排解。即使在状况不明、是非不清的时候，也应及时采取降温、冷却的手段，并且在了解情况后，立刻以妥善、有效的策略化解冲突。只要把握消除矛盾的先发权和主动权，任何形式的对立都能轻松解决。

第七章 领导修炼：地产导师如何做领导力打造

（3）规划与整合能力

地产导师的规划能力，并非着眼于短期的策略规划，而是长期计划的制订。换言之，卓越的地产导师必须深谋远虑、有远见，不能目光如豆，只看得见现在而看不到未来；而且，要适时让员工了解地产企业的远景，才不会让员工迷失方向。特别是进行决策规划时，更要能妥善运用统整能力，有效地利用学员的智慧与既有的资源，避免人力浪费。

（4）决策与执行能力

在民主时代，虽然有许多事情以集体决策为宜，但是地产导师仍经常须独立决策，包括分派工作、人力协调、化解员工纷争等，这都往往考验着管理者的决断能力。

（5）培训能力

地产导师必然渴望拥有一个实力坚强的工作团队，因此，培养优秀人才，也就成为地产导师的重要任务。

第四节 教导力：懂得带队育人，便能提高教导力

领导是团队的核心，是团队的灵魂，拥有一个优秀的领导比拥有一群优秀的学员更重要，一个优秀的地产导师能带领团队迅速的达成目标。俗话说："兵熊熊一个，将熊熊一窝。"可见，一个领导力对于地产导师是多么的重要和不可缺。

1. 领导力的提升

领导力的提升主要表现为：

（1）个人品德要优秀

在现代企业管理中，被管理者与管理者具有平等的法律地位，双方之间的关系是平等合作，双向选择。但由于分工的差异，必然存在管理与被管理，因此管理者必须具有优秀的品德，通过品德对被管理者产生影响，使管理者从思想和行动上积极主动，努力向上。

（2）具备先进的公利思想

"公利心"与"私利心"是一对相反的概念，人们都了解"私利心"的含义，而且很多人都受此影响。但作为一个管理者，只有具有先进的公利思想，能以"公利心"作为衡量管理行为的标准，才能考虑和平衡各方利益，才能得到更多的拥护和支持，从而大大增强领导力。

第七章 领导修炼：地产导师如何做领导力打造

地产导师要总览大局，考虑长远利益，并与企业内部外部多方进行交流，他们所做的各种决策与决定往往不会使所有人理解和接受，这就需要具备卓越的说服力，如何通过最适当的方式进行沟通和协调，使事情顺利进行，这也是决定领导力的重要因素。

（3）学习领导行为与艺术

对于地产导师来说，仅靠绝对的权威也许可以把事情做成，但未必能够把事情做好。由于地产导师的对象是具有思想、感情和不同心理的人，所以领导力并不是绝对命令，而是一种人性化的艺术，即如何通过恰当而巧妙的艺术手法使冰冷的命令变得更加温和，达到更好的效果。

提高明辨是非的能力管理者不必"事必躬亲"，但这并不说明管理者可以对企业外面的环境一无所知，对企业内部的事情满不在乎。其实，地产导师要增强领导力，必须时时关注与企业性命攸关的外部环境，必须了解企业内部的运行状况，只有这样才能明辨是非，才不会做出错误的判断。

（4）锻炼科学决策的能力

领导者最重要的工作之一是做决策，通俗地说就是对需要选择的事情进行拍板。究竟怎样拍板，对领导者的领导力至关重要。不是头脑一热眼睛一闭就定下了，也不是等领导层多数通过就决定，而是根据企业内外部的分析，通过严密的论证再进行科学决策。毫无疑问，地产导师每一次决策是否科学、是否正确都影响着自身领导力。

（5）妥善处理人际关系

俗话说"百人百心"，在一个集体中，由于人与人的个性特征、爱好习惯、人生经历、家庭关系等都不相同，人与人之间的关系就变得复杂。作为地产导师，必须具备妥善处理人际关系的能力，才能使不同的人都有好的感受，才能带动集体的人际关系。否则，领导能力将会大打折扣。

（6）体谅与理解学员

地产导师要常常置自己于被管理者的位置，感受和体验学员的心理，并且能够理解、体谅学员。在这样的基础上，开发学员的潜能，为学员的工作提供便利。同时，学员也就能够体会地产导师对自己寄语的厚望，并努力工作。

2. 组建优秀团队

新时代的地产导师要如何运用教练技巧来发展一支优秀的团队，可从下列四个层面展开：

（1）明确团队计划

地产导师要如同教练一样成立及发展一支团队，必须先清楚其最终目标及目前所拥有的资源。教练要先掌握这支团队中需要哪些人才？目前人才是否已到位？人员能力是否还有成长进步空间？战力要如何补强？阶段性人力资源规划又要如何着手？所以需针对组织期望拟订团队整体发展计划。

然后，当目标明确及团队整体发展规划完成后，便依据各项策略方向定相关执行计划，例如：战力要如何提升？是通过自行培养（"建立（Build）"策略），还是外包或运用外部顾问专家（"租用（Rent）"策略）、外部进用新人或挖角（"购买（Buy）"策略）等。

通过自行培养，每位成员需要培养哪些技能？而这些技能要如何养成？团队内部是否有人可以传授？技能养成时间需要多长？如何验证其成效或能力已具备等。只有经过这一连串的计划过程，团队发展才能奠定具体的

第七章　领导修炼：地产导师如何做领导力打造

雏型。

（2）提高执行力

当团队制订了各项计划之后，接着便要提高执行力，以达成目标。首先，必须将计划中的各项工作依据每位团队成员所扮演角色、能力、负荷和学习机会等因素，一一分配任务及发布命令；同时，还要随着各项挑战，对团队成员进行任务调整或重新分工等。

其次，还要确认团队成员是否已经了解了、掌握了各项命令，并完成了每个人应负责的范围。然后，要随时在任务进行过程给团队成员提供充分的信息，并做出适时提醒或指示，甚至实现"状况下达命令"。如此，团队成员就可以自行判断情况，及时采取最合适的处理方式，走出快速反应，提高团队的最佳战力。

最后，由于不同情况或成员能力不同，在下达命令时要从家用适当的方式，例如：吩咐、请托或暗示等，提高时效性，提高员工的承担性及主动性。

（3）控制执行过程

当任务根据计划下达命令后，必须持续管控其方向或效果是否符合预期，并在合适的时机做出调整或修正，使整个团队运作成果能够朝着目标迈进。

至于控制的方法有许多方式可供选择，例如：会议、报告、询问、信息分析等。一旦发现过程中出现了超预期或突发状况，就要在适当时机必须采取相关措施，例如：调换工作、暂时离线、追加人手、指派资深专家从旁协助等，使每位成员都能顺利地完成其工作，使得成果能够达到最佳表现。

当然，在任务执行过程中，控制过当还容易造成团队成员无主见、缺乏信心、动辄请示、被动执行等情况；但控制过松，则容易造成意见分歧、方向偏差、效率不彰、进度落后等情形。所以，身为地产导师，必须掌握瞬息万变的环境与信息，了解每位团队成员的能力与实际状况，及时为他们做出提醒或建议，让他们继续努力，投入相关资源，确保目标的完成。

（4）协调团队氛围

在团队运作过程中，总会遇到一些问题，比如：意见不合、情绪冲突、衔接不顺、沟通不良等。此时，地产导师就要当机立断采取必要措施，例如：意见相左或形成对立时，可以采用想法探究、观点厘清或处境对调等方式，协助团队成员进行对话；如果发生情绪冲突，要先转换情境，不要让冲突扩大到难以收拾的地步，接着再想办法了解冲突原因及背后关连因素。当然，整个过程都要以大局为重，不能妨碍组织运作。

一旦出现衔接不顺或负荷不平衡的情况，就要将资源重新布局、进行局部调整或重点支持等，使整体进度或资源运用相互配合。所以，协调在整个团队运作及发展过程是十分重要的。但是，在协调时，地产导师务必坚守自己的立场、保持公平公正，不能偏颇任何成员，一旦成员不信任或不服气时，整个团队就会土崩瓦解，这是地产导师要特别留意及遵守的。

第七章　领导修炼：地产导师如何做领导力打造

第五节　决策力：只有高瞻远瞩的管理者才能正确决策

中国有古语云："将之道，谋为首。"就是说，领导者的首要任务在于谋略，用今天的话来说，就是领导者的主要职责在于决策。决策贯串了领导活动的全过程，是领导活动的核心，是领导者政治意志、管理意志的集中体现。总而言之，高超的决策能力是领导者最重要的品质。

盛田昭夫是日本索尼公司的创始人之一。索尼公司中，有多种很出名的电子产品，但最成功的产品还是随身听。随身听的诞生出自于盛田昭夫的观察，他发现，年轻人喜欢听音乐并经常处于四处运动中。盛田昭夫并没有进行科学研究或民意测验来证实消费者将购买随身听，他本能地意识到随身听会有销路，之后通过自己高超的决策能力对这个主张展开实施，并取得了巨大的成功。

索尼的故事告诉我们，高超的决策能力才是成功领导者的最本质特征。

优秀的领导者都会牢牢掌握不断变化的企业竞争环境，他们对企业所处环境具有天生的好奇心和深刻的认识，能够做出较正确的决策。然而，在很大程度上，仅仅依靠对市场的客观分析，并不足以完成一个伟大的决策，有时需要一部分的直觉，具有优秀决策力的人通常都善于将经验和感性结合成非常强大的直觉。

数据显示，在被访问的2207位管理者中，只有28%的人说，他们公司的战略决策总体良好；60%的人认为，好坏决策各半；剩下的12%的人，则认为好决策非常少。从数据可以发现，做好一项决策并不是简单和轻松的事，做到了这一点，也就在某种程度上提升了你在管理方面的短板。

1997年，美国华尔街著名投资家乔治·索罗斯曾狙击马来西亚、泰国、印度尼西亚等国的货币，掀起亚洲金融风暴。这个亚洲金融风暴的制造者，一直非常看好中国市场。在中国，他投资了海南航空，一开始给海航投资2500万美元，然后又给海航新组建的新华航空控股有限公司投资了2500万美元。海航董事长陈峰带领海航从1000万元人民币起家，经过12年的努力最终把海航发展成资产达423亿元人民币的企业航母。

海航成功的关键，主要在于海航管理者所做的几个重要决策：第一，重视经营服务，努力用服务来取胜；第二，高层干部平均年龄40岁左右；第三，敢于创新，打破传统思路，不仅把海航当做航空业经营，还率先进入资本市场，赢得更多的资本和土地。为了取得国际资本的支持，陈峰曾"十进华尔街"，最终坚定了索罗斯的高级经理们投资海航的决心，使海航成为中国34家航空公司中第1家中外合资公司。

试想，如果陈峰没有在关键时刻做出准确的决策，那么就免不了遭受这场金融危机的危害，更不要提飞速发展了。对于地产导师来说，让自己正确、有效地做对决策，才能使创建的基业保持长青。

那么，决策对地产导师和作用究竟如何呢？

（1）决策是管理的基础，决策也是管理中计划工作的核心。

第七章 领导修炼：地产导师如何做领导力打造

（2）决策是各级、各类主管人员首先要处理的工作。

（3）决策是行为的选择，行为是决策的执行，正确的决策可以造就正确的行为。

总之，管理就是决策。因而在企业管理中，领导者要充分发挥决策的积极作用，把各项工作都安排得井井有条。

决策人人都需要，而地产导师对于决策，则是更需要特别关注的。相对来说，一个不会决策的地产导师只能将公司发展到哪里算哪里，而会决策的地产导师则总是有思路、有方法、有步骤、有策略，即有好的决策，把公司做大做强。因而，地产导师要了解做决策的必要性，在日常生活中多学习一些科学决策的方法。

第六节　执行力：卓越的执行力，造就优秀的成绩

公司的发展离不开高层领导科学决策的发展战略、基层员工行之有效的工作作风，更需要中层管理者承上启下的执行力。

一个美国战场上负伤的退伍军人，由于年龄比较大，身患残疾，无法找到理想的工作。最后，好不容易找到一份工作。他非常珍惜这次来自不易的工作机会，工作兢兢业业。有一次，为了完成公司老板交给他的任务——将一个花瓶送到犹他州，他花了很长时间、费了许多周折，终于找到了老板告诉他的地址，结果却发现这个地址不准确。

当时正值周末，老板手机关机，他只能通过地图查找，逐街寻找，最后才在五条街的位置找到了这家商店，可是这家商店已经打烊了。他立刻翻看企业黄页，找到了商店经理的电话，打通电话后，对方却说在度假，不营业，然后，就挂断了电话。如果换做其他，这个任务就可以终结了，这些理由完全能交待过老板。但是，这位退伍军人没有这样想，因为他向老板承诺过：保证完成任务。

他想砸破橱窗去拿那只花瓶，可是在这个橱窗前，有个全副武装的警察一动不动地站在那里。他等了很长时间，没有找到可乘之机，他只好再次拨通了该店经理的电话。他以军人的性命和名誉担保，真实地讲述军人

第七章　领导修炼：地产导师如何做领导力打造

在战场上的故事，他的诚心终于打动了那位经理，如愿以偿地购到了花瓶。但当他带着花瓶赶往老板交代的地点时，火车已经开走了。

最后，这位退伍军人通过私人关系租用了一架飞机追上了老板的火车，把花瓶如约交到了老板手上。这时候，他才知道，这只是老板的一份测试题，他因此获得了该公司远东地区总裁的职位。这个测试在很多人身上都用过，但只有他一个人完成了任务。

不抱怨，不推脱，思路清晰，行动敏捷，直击目标，这就是执行力。虽然是一个故事，却说透了执行力的智慧。

地产导师应当如何提升自身的执行力，为学员树立积极的榜样呢？

1. 对应执行的任务与内容作检讨

开始的时候，任务与内容都是被决定、固定化的。地产导师不能局限在某个范围之中，要考虑并且重估公司的方针、环境等变化，循序渐进地拓展任务范围，尽快提高个人素质，要确认并使任务明确化。明确化，不仅可以使地产导师的立场更明朗，还可以作为任务执行的宣言和自我启发的目标，鼓励自己不断前进。

2. 让自己成为一位听众所期待的领导者

所谓自认为是领导者，并不是要摆出领导者的架子，要努力成为一位众所期待的领导者，这是身为地产导师的欲望与行为的原动力。如此，就会思考：怎样的人才适合作领导者？如此，才能在心目中树立一个目标领导者形象，努力使自己成为这样的人。

3. 提高执行任务的使命感与信念

使命感、信念是领导者最强的先决观念，执行任务时，地产导师应本着坚定的态度。相对于追求目标的态度，是指执行任务时，地产导师要主动追求必要的挑战性目标，并朝着目标行动，遇到问题，就能加以解决。在执行任务时，应该坚持着这种态度直到工作完成为止。

4. 即使再忙，也要执行任务

即使确定了一项出色的任务内容，如果没有及时执行，也只是纸上谈兵。而以忙碌作为借口，容易导致任务执行的失败。执行任务可以借助执行中找寻问题点所在，扩大、充实任务的内容，而地产导师可以从中自我成长。

5. 执行时应该实实在在地做

任务的执行总是反复相同的做法，实际情况很容易流于表面化或形式上做一做而已。执行，最重要的是设定目标，不是短时间的，而是计划性持续地执行，并将它作为明日成果的依据。但是，不能只维持现状，应该进行经常性的改善与改革。

6. 依靠他人协助完成任务

任务执行并不是领导者一个人的事，必须取得有关人员的协助。这时，不能单方面强求别人援助，应该了解对方的立场，多听取对方的意见，然后再提出协助的请求。

7. 重新评估，自我启发

执行任务时，要思考如何执行任务，认真评估执行的结果，丢下任务不管或不研究，是造成执行上空洞化、形式化的重要原因。优秀的领导者都会在别人批评之前做一番自我评价。

8.遇到障碍，积极解决

在你抱怨时间不够用之前，要先考虑一下，如何才能有效地运用现有的时间。同样，执行任务的时候，也要先想到障碍。以一大堆障碍为理由而使任务无法完成，跟一开始就没有执行的愿望差不多，因此解决障碍也是任务中的一项内容。